图书馆业务指南丛书

图书馆讲座工作指南

金 龙 著

国家图书馆出版社

图书在版编目（CIP）数据

图书馆讲座工作指南 / 金龙著 .—北京：国家图书馆出版社，2021.7
（图书馆业务指南丛书）
ISBN 978-7-5013-7170-9

Ⅰ. ①图… Ⅱ. ①金… Ⅲ. ①图书馆工作－讲座－指南
Ⅳ. ① G253-62

中国版本图书馆 CIP 数据核字（2021）第 084211 号

书　　名　图书馆讲座工作指南
著　　者　金　龙　著
责任编辑　邓咏秋
封面设计　程言工作室

出版发行　国家图书馆出版社（北京市西城区文津街 7 号　100034）
（原书目文献出版社　北京图书馆出版社）
010-66114536　63802249　nlcpress@nlc.cn（邮购）
网　　址　http://www.nlcpress.com
排　　版　九章文化有限公司
印　　装　河北鲁汇荣彩印刷有限公司
版次印次　2021 年 7 月第 1 版　2021 年 7 月第 1 次印刷

开　　本　710×1000　1/16
印　　张　10
字　　数　160 千字
书　　号　ISBN 978-7-5013-7170-9
定　　价　58.00 元

目　录

自 序

2018年1月1日，《中华人民共和国公共图书馆法》正式实施，公益性讲座作为公共图书馆应当免费向社会公众提供的服务之一被明确写入该法。这意味着公共图书馆开展公益性讲座服务具有了法律地位，讲座不再只是图书馆的拓展服务或延伸服务，而真正成为图书馆的常规业务之一。

回想十余年的讲座服务工作经历，我从最初筹建讲座组时的懵懂“小白”成长为能够完成选题策划、现场组织、专家沟通、活动主持、起草规范等讲座全流程工作的“熟手”，在不断历练的过程中得到了领导、同事与同行们的信任与支持。期间，我策划举办的讲座有“百年辛亥专题研究”“大数据研究”“世界遗产视野下的‘一带一路’”“乡村，诗意的栖居”“匠意营造：中国传统建筑”“让文物活起来：古代物质文化”“不到园林怎知春色如许：昆曲艺术赏析”“纪念汤显祖和莎士比亚逝世四百周年”等系列，也邀请到诸多知名专家学者担任主讲人。这些讲座效果很好，得到用户的热烈欢迎，有些还产生了较大的社会反响。为了更好地保存和传播优秀讲座内容，我还策划了讲座文稿的出版项目，已出版《百年辛亥》《世界遗产视野下的“一带一路”》《匠意营造：中国传统建筑》《科学素养与社会和谐》等讲座图书。同时，我还负责过全国公共图书馆讲座联盟、文津图书奖、文津经典诵读、图书漂流等工作，参与过培训、展览、研学旅游、地铁图书馆等项目。在这些工作中，我与各界同人在讲座及其他阅读推广项目方面多有交流与合作，并较为全面地了解到全国图书馆讲座工作的情况。我的历任领导都曾要求我将自己的工作经验传递给年轻的同事们，并鼓励我将这些经验写出来供更多人借鉴。这也是我写作本书的缘起和动力。

作为工作指南，本书最大的特点在于实操性、规范性与包容性。首先，无论业界同行还是其他行业的人员都可以参照本书内容举办一场完整的讲座或者系列讲座；其次，针对一些讲座策划组织过于随意、存在漏洞和隐患的情况，本书提出了规范的工作流程；再次，本书内容没有局限于一馆的讲座工作，而是运用全国许多图书馆的讲座案例，总结出普遍适用的模式，同时本书还推崇讲座服务的创新与融合发展。

本书的主体内容分为概述、操作、案例与发展四个篇章。第一章“图书馆讲座ABC”阐述了图书馆讲座的概念、特点、分类、功能、工作内容、发展状况等基础知识。第二章“怎样举办图书馆讲座”是实操部分。我毫无保留地分享了自己多年来积累的工作经验，同时刻意避开了负责或参与起草、制定的有关“国图讲坛”的业务规范、标准等，以便使我归纳总结的实践原则和操作方法更具有普适性，而不是特殊性，希望这些直观实用、简便易行的经验总结能够对同行开展工作有所助益。第三章“图书馆讲座经典案例”介绍业界成功的讲座品牌培育之道。与同行们长年累月的频繁交流使我熟知各馆的讲座情况，我对数位馆长及讲座负责人的访谈、请教更为本书写作提供了一手资料，相信这些经典案例对于各馆讲座互学互鉴大有裨益。第四章“新时代图书馆讲座的融合发展”是我近年关注和研究的重点。图书馆讲座从来不是一成不变的，在互联网、新媒体、大数据等技术飞速发展的背景下，图书馆讲座积极结合在线音视频分享、网络公开课、研学旅游、书院建设等新的推广形式，突破时空局限，追赶时代潮流，不断创新形态，适应了广大公众对于知识文化的新需求。附录部分为讲座策划方案和工作规范的示例，其中有我本人早先起草的、已经成功实践的讲座策划方案，也有我为本书写作而专门起草的工作规范，供读者参考使用。本书的部分章节附有“小贴士”，为读者提示讲座策划组织中具有实用性的关键点。

在新冠肺炎疫情防控期间，传统的线下教育培训受到很大冲击，各种机构的讲座纷纷转战线上，以直播的形式展现，我自己既成为讲座直播的用户，也受邀担任讲座直播的主讲人，从中得到的经验和思考我也写入了本书。

金龙
2020年8月
于国家图书馆

第一章　图书馆讲座ABC

第一节　什么是图书馆讲座

一、讲座的概念

讲座通常指一种学术活动形式，即“针对某一学科或某一专题进行的知识讲授”，广泛地开展于图书馆、高校、科研院所、媒体、书店等相关机构。在《现代汉语词典》中，讲座的释义是“一种教学形式，多利用报告会、广播、电视或刊物连载的方式进行”[①]。

二、图书馆讲座的性质和特点

传统理念认为，讲座并非图书馆独有的业务，难以体现图书馆的核心竞争力，图书馆之外的很多机构也在开展讲座服务，甚至更具有社会影响力。因此在相当长的时期内，讲座被图书馆定位为延伸服务或者拓展服务。

随着人们信息需求的日益增长，信息传播方式以及用户阅读方式的变化，图书馆服务的内容和方式日新月异，讲座的重要性也得到了公认。讲座是图书馆发挥其传播知识、进行社会教育等功能的重要载体，是构建公共文化服务体系和创建学习型社会的有效方式。讲座以其自身的特点很好地适应了网络技术和媒体技术的发展，成为新时代背景下阅读推广服务的主要方式之一，并成为图书馆普遍开展的服务项目。

经过多年的发展，图书馆讲座形成了一整套较为科学、规范、成熟的工作、服务模式，与学校、媒体、出版商、书店等机构及其他机构所举办的讲座

---

① 中国社会科学院语言研究所词典编辑室. 现代汉语词典[M]. 北京：商务印书馆，2000：643.

相比较，呈现出独有的特点和优势。

第一，公益性。图书馆讲座是一种非营利性的公益性文化活动，与图书馆其他服务一样，是知识传播的重要渠道与平台。特别是公共图书馆讲座，必须符合《公共图书馆宣言》所宣示的，公共图书馆应“不分年龄、种族、性别、宗教、国籍、语言或社会地位，向所有的人提供平等的服务”[①]，既不设“门槛”，也没有商业目的。

第二，学术性。图书馆的公益性质使其讲座免除了经济利益的束缚，能够从社会责任出发，坚持较高的学术品位，在选题上精益求精，在主讲人遴选上严格把关，为不同见解甚至是对立的学术观点提供辩论与交流的平台，真正做到百花齐放、百家争鸣。同时，图书馆讲座以传播优秀文化为己任的服务理念也得到了广大专家学者的认同与支持。专家往往将自己多年的研究成果凝聚在一场讲座之中，使用户感到参加两个小时的讲座胜读十年书。

第三，时效性。在图书馆举办的各类讲座中，上座率较高的往往是与社会热点话题相关的讲座。这类讲座传递知识的时效性远远超过了文献载体，并在有限时间内传递出更加密集的信息量。当社会热点发生时，专家可以借讲座第一时间与用户分享自己的观察与分析，既可以为用户提供认识热点问题的科学工具，又可以通过与用户的交流验证或修正自己的判断。

第四，互动性。图书馆讲座不仅为用户提供一种获取知识的途径，更为用户与专家搭建一个沟通与交流的平台。图书馆讲座的发展一改传统图书馆的服务格局，构建了动静结合的文化氛围，创造了全新的社会教育形式。讲座顾名思义以主讲人讲授为主，但经过多年的探索，图书馆讲座已经不局限于一言堂式的讲授，其形式日益多样化。例如，根据选题内容，可以采取讲座与表演相结合、讲座与赏析相结合、讲座与展览相结合以及对话、沙龙、公开课等灵活多样的形式。这已经成为业界的共识，也是从业馆员努力追求的目标。除现场互动之外，网络、新媒体技术的发展使得线上讲座互动的条件已然成熟，越来越多的图书馆开始采用线上直播方式举办讲座，大大突破了现场讲座的时间和空间限制，而线上互动功能实现了信息的多向传递，用户的参与感接近现场效

① 公共图书馆宣言（1994年）[EB/OL]. [2020-04-23]. https://www.ifla.org/files/assets/public-libraries/publications/PL-manifesto/pl-manifesto-zh.pdf.

果，因此受到热烈欢迎。

第五，导向性。图书馆的文献借阅、参考咨询等传统服务形式，大多是对用户的要求做出响应。而讲座则是一种主动服务的模式。工作人员结合社会热点和时代精神，主动进行选题策划，积极拓展宣传渠道，使图书馆讲座发挥出指导阅读、引领学习的导向作用。图书馆讲座坚持贴近实际、贴近生活、贴近群众，始终把社会效益放在首位，走在普及科学文化知识、培育社会文明风尚的前沿，是公众喜闻乐见的文化活动形式。

第六，针对性。发挥图书馆讲座的导向作用，前提在于通过调查了解、研究不同用户群体的需求，进而有针对性地满足这些需求。用户在图书馆留下了大量的阅读数据和行为数据，运用大数据技术了解、分析这些数据，有利于结合自身馆藏资源优势，提高讲座服务水平，满足用户的不同需求。

第七，大众性。图书馆讲座的大众性与针对性并不矛盾，针对性是对大众性的分众化，但大众始终是图书馆讲座的主体用户，图书馆讲座活动必然以服务社会、服务大众为宗旨。

第八，计划性。社会上一些机构的讲座往往根据实际条件进行安排，较少考虑长期规划，具有很大的随机性和临时性。尤其是有商业目的的讲座，自然逐利而为。而图书馆讲座大多需要馆员结合馆藏文献资源、学术研究动态以及社会热点，以前瞻性的眼光策划选题，提前制订年度计划、月度计划。

三、图书馆讲座的分类

图书馆讲座可以从内容、用户、组织形式、传播渠道等不同的角度划分为不同的类型。

第一，按照内容的主题划分，图书馆讲座可以根据其所属学科领域分为文史类、社科类、科技类、科普类、艺术类、教育类、经济类、时政类等。

第二，按照用户划分，图书馆讲座可以分为大众类、学生类、少儿类、青年类、老年类及专业人士、爱好者、残障人士等不同用户类型。

第三，按照组织形式划分，图书馆讲座可以分为演讲式、赏析式、对话式、访谈式、讨论式以及演讲与表演结合、讲座与展览结合等多种形式。

第四，按照传播渠道划分，图书馆讲座可以分为线下讲座、线上讲座等，线上讲座又可以分为录播讲座、直播讲座、音频讲座、视频讲座、微讲座等。

四、图书馆讲座的功能

图书馆讲座的功能与图书馆本身的职能是完全契合的，对于提高国民素养、推动社会文明具有重要意义。1975年国际图联在法国里昂召开的图书馆职能科学讨论会确定了现代图书馆的四项职能，图书馆讲座的功能与这四项职能完全契合。

第一，保存人类文化遗产。有学者将图书馆、博物馆和档案馆统称为文化记忆机构，意指这些机构都具有保存和传承本民族乃至全人类文化成果和历史记忆的责任与义务，它们使人类的社会实践所取得的经验、文化、知识得以系统地保存并流传下来，成为人类宝贵的文化遗产和精神财富。随着信息载体的更新和发展，近年来各国愈加重视口述文化的保存与传播。利用录音、录像等先进技术保存的讲座音视频将专家的研究成果更加鲜活地保存下来，既丰富了图书馆的馆藏，又为人类创造了新的文化遗产。

第二，开展社会教育。随着现代社会的发展，继续教育、终身教育已经成为广大公众的共同需求。只有不断地充实自己的知识积累，才能够了解和掌握新学科、新知识、新技术、新方法，才能适应日益加剧的社会竞争。在此背景下，图书馆担负起更多的社会教育职能，成为公众的终身学校。而图书馆讲座以其公益开放、知识密集、及时高效、交流互动等特点成为人们学习的最佳渠道之一。

第三，传递科学情报。图书馆依托丰富、系统、全面的文献资料开展科学情报传递工作。讲座使图书馆的这一功能得到加强与拓展，它整合了多种信息资源，提高了科学情报传递效率，并为不同的学术思想提供了一个直接交流和争鸣的平台。

第四，开发智力资源。图书馆讲座服务与文献借阅服务、参考咨询服务、阅读推广服务一样，都致力于通过发掘、提供智力资源，从而促进人的独立思考和全面发展，提高社会文明程度和公众素养。

基于以上认识，笔者认为，图书馆讲座是指图书馆利用其文献信息资源的优势，为满足用户不断增长的知识需求，以传承文明、开展教育、传播知识、开发智力为目的，采用讲授、对话、赏析等方式，主动策划举办的公益性学术文化活动。

第二节　图书馆讲座工作的主要内容

图书馆讲座工作的主要内容包括讲座的品牌定位、选题策划、宣传推广、现场组织、产品开发、合作共享等方面。

一、品牌定位

图书馆大多希望本馆讲座能形成自己的特色，树立品牌，产生品牌效应。品牌定位包括形象定位、目标用户定位及差异化定位。

第一，形象定位。图书馆创建讲座品牌时首先会确定宗旨和方针，以此指导讲座工作的开展，塑造品牌形象。多数图书馆致力于打造自身作为城市文化中心的形象，而将讲座塑造为“城市教室”和“市民课堂”，这也是图书馆讲座公益性和去商业化的特征所在。具体到不同图书馆的讲座，其形象还取决于讲座内容、形式在较长时期内逐渐形成的社会影响力和美誉度。优秀的图书馆讲座品牌还会成为城市的文化名片，推动城市文化的发展。

第二，目标用户定位。图书馆讲座可以通过选题策划和有针对性的组织来确定目标用户的主要范围。只有目标用户与选题策划、组织形式相匹配，才能够实现讲座效果的最大化。用户需求始终是图书馆的出发点和最终归宿，图书馆讲座在发展的过程中越来越重视分众服务、个性化服务，这也是图书馆人文关怀与人文精神的体现。

第三，差异化定位。差异化定位是指不同馆的讲座品牌定位需要在策划与组织中凸显出的独具特色的方面，实现人无我有、人有我新、人新我特，将公众相对的、普遍的需求转变为绝对的、特定的需求。若要实现差异特点定位，讲座策划者必须知识广博、视野开阔、思维敏捷，要关注热点，认真了解、研究目标用户的需求。

二、选题策划

选题策划是图书馆讲座工作的首要环节，需要根据用户需求开展，适合的主讲人和策划者的创新意识是选题策划成功的关键。

第一，服务用户。图书馆讲座为用户提供了更加灵活多样的优质教育资源，扩大了受教育群体的范围，以一种更为直观、更为有效的教育方式传播知识文化。馆员在策划讲座选题的过程中要始终坚持以人为本的服务观念，一切从用户出发，最大限度地满足用户的需求。既要在讲座内容上，也要在讲座的组织形式、宣传推广等方面适应用户不断增长的新文化需求。

第二，遴选主讲人。主讲人是图书馆讲座的主角，没有主讲人就无法举办讲座。遴选优秀的、合适的主讲人是讲座策划过程中要解决的关键问题。主讲人的各方面条件是否与选题策划相适合，直接关系到讲座的预期效果能否实现。图书馆作为知识提供者而立足于社会，其讲座在吸引大量用户的同时，也在对他们产生潜移默化的影响。因此，必须慎重选择专家，通过专家的讲授引导用户的文化取向。

第三，积极创新。成功的图书馆讲座策划需要了解学术前沿，把握社会热点，熟知如何将学术研究与社会热点相结合。如果对学术前沿和社会热点一无所知，总是跟在别人后面走，结果只能是闭门造车、低水平重复。在网络和新媒体迅速发展的当今社会，图书馆讲座的选题策划必须注重创新性与前瞻性，才能够产生最佳效果。

三、宣传推广

当代社会各行各业都离不开宣传工作，图书馆讲座作为知识传播的重要方式之一，更需要加强宣传，扩大在社会公众中的知晓率和影响力。图书馆讲座的宣传推广需把握以下原则。

第一，真实严谨。在图书馆讲座宣传推广的过程中，馆员必须对宣传文案中涉及的讲座题目、讲座内容、主讲人信息及具体举办时间、地点等各项信息认真考证，确保这些信息严谨属实。无论是口头宣传、文字宣传，还是图片、音视频宣传，都应坚持真实性，用事实说话，以讲座本身的魅力来吸引公众，达到预期效果。相反，那些为了吸引眼球、提高上座率而夸大其词甚至无中生有，动辄对专家冠以“大师”称号的宣传手段，绝不符合图书馆讲座的性质。

第二，突出亮点。突出亮点是图书馆讲座宣传推广实现良好效果的关键。讲座宣传的亮点应早在策划时便考虑到，馆员在策划讲座时应力求每个品牌皆有其独特定位，每场讲座都有其不同之处，只有把握这些独特之处才能将它们准确应用于宣传推广之中。突出亮点主要应从讲座的宗旨、定位、选题、内容、主讲人、用户、活动形式等方面着手，寻找最具宣传价值的因素，避免讲座宣传推广千篇一律、毫无新意。

第三，拓宽渠道。宣传推广渠道决定了图书馆讲座的覆盖范围，直接影响讲座的传播效果和社会影响力。除了馆网、海报、公告栏等宣传渠道之外，还应积极与具有较大影响力的媒体、网络、出版社等相关单位合作，力争实现宣传渠道的多样化。在新媒体时代，新媒体的广泛运用使图书馆宣传工作在一定程度上摆脱了对传统媒体的依赖，每家图书馆都可以拥有自己的新媒体，按照自己的思路进行宣传推广，并直接与用户交流、互动。

第四，注重实效。图书馆讲座的宣传推广要注重实际效果，以提高知名度和美誉度，扩大影响力和覆盖面为目标，而不能以讲排场、造声势为目的。同时，宣传推广也需要准确把握用户心理、适应用户习惯、满足用户需求，将讲座内容通过有效的宣传载体转化为具体的感知度和参与度，争取社会效益最大化。

四、现场组织

现场组织是图书馆讲座的具体实施环节，选题策划、宣传推广目标能否实现，取决于馆员是否能在现场组织的各个环节做好细节工作。

第一，精心准备。前期准备是讲座顺利开展的前提条件，负责讲座的馆员应当具备较强的组织能力和责任心。如果条件允许，组织讲座的主要负责人最好同时兼任讲座主持人。除撰写主持词外，馆员还要安排好会场布置、专家接待和用户服务等各项工作，按照既定方案充分做好讲座的准备工作。

第二，周密组织。讲座现场最为关键的要点在于安全、有序。在讲座举办的过程中，主持人对于现场掌控、节奏调整、适度互动起到重要作用，其他在讲座现场值班的工作人员及安保人员都应全程高度警惕，彼此通力合作，排除一切安全隐患，及时解决突发事件，确保讲座现场的各项工作井然有序。

第三，善始善终。讲座举办之后，工作人员应在规定时间内做好善后工作，并总结工作经验。首先，要及时收集、整理和保存讲座资料，将其分类归档，以便日后使用。其次，应对主讲人和用户的情况进行总结，积极接收主讲人和用户的反馈信息，并做出评估。再次，关注新闻媒体的相关报道，收集、归纳报道内容，如遇批评、失实、曲解等负面报道要慎重对待、及时补救。

五、产品开发

在缺乏讲座音视频保存技术和设备的时期，许多图书馆讲座仅限于现场的一次性传播，不但无法保留录音录像材料，甚至连文字稿都少有整理留存，造成珍贵内容的流失。如今越来越多的图书馆具备了讲座资料保存、开发的意识和技术条件，在此项工作中应把握以下原则。

第一，创新意识。产品开发是图书馆讲座传播的重要渠道之一，其载体形式包括图书、视频、音频及其他文创产品等。产品开发进一步扩大了讲座的用户范围，使讲座的原貌得以保存和再现，产生更加深远和广泛的影响。作为一项具有挑战性和创新性的工作，产品开发应立足于图书馆讲座独有的竞争力，确保讲座产品的质量、功能与市场需求相适应。同时，要摒弃一哄而起的造势和盲目追求经济效益的做法，力求达到经典与热点、长销与畅销的统一。

第二，用户需求。在讲座的策划、宣传、组织等各项环节中，用户的需求始终是工作人员重点考虑的要素。而讲座产品开发面临着更加广泛的用户检验，要求工作人员更多地思考市场定位，做好市场调研。讲座产品除了准确体现专家的学术观点之外，也倾注着工作人员的精神追求与文化悟性。工作人员要努力找到产品与市场的契合点，通过成功的产品开发完成其市场化。

第三，统筹规划。图书馆讲座的产品开发是一项系统工程，包括设计策划、市场调研、创意研发、项目立项直到市场营销等各项流程。产品开发不仅融入了图书馆的文化资源，还渗透了图书馆的人文精神。因此，产品开发需要既懂图书馆讲座，又懂产品开发、市场营销的专门人才来统筹规划。

六、合作共享

在图书馆讲座发展的过程中，馆际合作、共享资源起到了重要推动作用，并通过多年的探索积累了有效的合作经验。实践证明，只有秉承共建共享、公开平等、互惠互利的原则开展合作，才能够取得实效。

第一，共建共享。共建共享是馆际之间开展讲座合作的有效方法。我国地域辽阔，各地社会经济文化发展水平很不均衡，图书馆拥有的基础资源也差距甚大。在专家、经费、人员等方面匮乏的图书馆难以举办高质量的讲座。

通过共建资源库，在解决版权问题的情况下共享选题、专家、课件及音视频产品等资源，可以在图书馆间互通有无，降低讲座的成本，解决现实困难，促进全国图书馆讲座的进一步发展。

第二，公开平等。公开平等是馆际之间开展合作的坚实基础。在讲座合作中，应广泛征求和充分听取各方的意见，合作的内容应向参与合作的各方一致公开。同时，合作中的各方一律平等，无论大馆与小馆、强馆与弱馆、资源丰富的馆与资源匮乏的馆，都享有平等的权利，不应由于图书馆的客观条件不同而损害合作中某一方的利益。

第三，互利互惠。互利互惠是馆际之间开展合作的基本理念。它要求各馆在讲座合作的过程中相互给予支持和配合，强调权利与义务的综合平衡。讲座合作应当要能够为合作各方都带来较大的收益，实现共赢的目的，而不能够只索取不付出，甚至导致伤害一方或给一方带来损失的后果。因此，在合作的过程中，各馆都要设身处地为合作各方考虑，力争同时满足本馆和其他各方的要求。互利互惠有利于增强各馆对于合作的信心，有利于形成良好的合作氛围，有利于讲座合作的健康长远发展。

第三节　公共图书馆讲座的发展状况

笔者针对我国公共图书馆讲座工作开展了一项调研，调研对象为32家省级公共图书馆，涉及31个省、自治区、直辖市，其中广西有广西壮族自治区图书馆和广西壮族自治区桂林图书馆两家省级公共图书馆，调查数据截至2020年6月30日。从调查情况可以看出，我国公共图书馆讲座工作呈现出常态化、规范化的发展特点，讲座的内容品质稳步提升，服务形式不断创新，宣传渠道明显拓宽，合作伙伴逐渐增多，用户范围日益扩大，并针对不同人群推出了分众服务。

一、我国公共图书馆讲座的特点

公共图书馆讲座在不断适应公众需求中调整，已经逐渐摸索出了一些规律和经验，并在各馆的讲座工作中得到了体现和应用，形成了一些共同的特点。

第一，选题内容非常广泛，地方文化特色突出。举办一场成功的讲座，其策划中的任何一个要素都是不能忽略的，对此已有许多专家从不同角度进行了论述，内容为本是一致公认的观点。内容是讲座的根本所在，内容质量高低以及话题是否吸引人往往直接决定着讲座品牌的口碑和社会形象。内容通过讲座的选题策划来确定，选题策划则最考验公共图书馆讲座工作人员的水平和能力。

公共图书馆讲座选题广泛，将学术性与普及性紧密结合，突出雅俗共赏、深入浅出的优势，涉及各大学科领域，尤其是文史哲、教育、艺术、医药卫生、经济、科技、政治法律等。近年来图书馆讲座选题策划更注重系列化、专题化，注意挖掘图书馆自身的文化资源和所在地区的文化特色，形成可深入发掘的题材。例如陕西图书馆于2007年正式定名的公益讲座“陕图讲坛”，逐步形成了“长安文化风”和“宏观知识信息”两大板块，两个板块下设“秦风秦韵”“时事热点”“名人传记”“为民说法”“艺术殿堂”“医疗养生”等17个系列。17个系列下又开设了“陕西帝王陵”“三秦风貌”“丝绸之路”“长安道教”等若干子系列。这些子系列均是围绕陕西的悠久历史、深厚文化、丰富资源、创新科技等题材展开，展示了陕西得天独厚的人文资源以及独领风骚的历史遗产。

第二，呈现形式丰富多样，互动性强。在图书馆讲座的发展过程中，传统的“专家讲、读者听”的宣教模式曾经占据主导地位。进入21世纪后，公共图书馆发展的内外环境发生了很大的变化，公共图书馆已从传统的保存、管理信息资源向开发信息资源、参与社会教育和满足社会公众文化需求方向过渡。随着公共图书馆讲座服务经验的积累，以及受到社会上层出不穷的公益文化活动的影响，各地公共图书馆为突破既有的讲座形式，做出了很多有益的尝试，例如赏析式、对话式、访谈式、沙龙式以及讲座与表演相结合、讲座与展览相结合、讲座与游览相结合等多种形式。新的讲座形式改变了过去“一人传授与多人接收”的单一模式，活动空间也不再仅仅局限于报告厅、教室，而发展成为立体的、生动的、多层次的社会文化活动。在此过程中，从事讲座服务的馆员考虑的不仅仅是“讲什么”的问题，还从讲座中衍生出新的阅读推广服务形式，从而扩大了公共图书馆及其讲座的影响力，在用户需求与馆员创新的良性互动中实现了公共图书馆的社会教育职能。

地方文化促进了讲座形式的多元化，如戏曲赏鉴活动、诗词吟诵活动等，不但公众参与感强、现场效果好，而且还可以在讲座之后引发一系列的社会效益。例如，云南作为多民族的边疆省份，有26个民族，83个曲种，文化遗产十分丰厚。近年来，为了办出讲座特色，树立公益讲座品牌，云南省图书馆将公益讲座与公共文化服务相结合，与非物质文化遗产保护项目相结合，用广大人民群众喜闻乐见的形式来吸引读者，开办了云南省图书馆非遗论坛。2009年，云南省图书馆举办了云南评书的特别系列讲座。在第四个全国文化遗产日之际，云南省图书馆邀请著名说书人仇炳堂的学生汤克文到图书馆现场表演了评书片段，受到了读者热烈欢迎。从2009年7月开始，仇炳堂受邀到云南省图书馆进行连续5个月的演出，引起了媒体和读者的持续关注。在云南省图书馆努力下，并在云南省曲艺家协会大力支持下，仇炳堂的两大心愿得以实现：一是找到了正式的传承人，二是找到了可以长期演出的场地，使得云南评书这一民间艺术得以传承和发展。这正是公共图书馆讲座形式创新引起社会文化连锁反应的一个鲜活案例。

第三，宣传渠道逐渐拓宽，新媒体宣传受到重视。网络和新媒体技术的迅速发展为图书馆讲座的宣传提供了更加多样、便捷、有效的渠道。根据笔者调查，截至2020年6月底32家省级公共图书馆中有30家通过门户网站发布讲座预告，占比94%；有27家在门户网站开设了讲座专题网页，占比84%；有21家将讲座专题设置为网站二级页面以便于用户浏览，凸显服务意识。除了门户网站以及报刊、电视、广播等传统宣传方式之外，新媒体在图书馆讲座宣传中起到越来越重要的作用。根据调查，以上32家省级公共图书馆全部开设了微信公众号其中30家开设了官方微博，占比94%；24家开设了抖音号，占比75%。借助新媒体，公共图书馆不但可以发布讲座预告，还可以投放讲座音视频或开展讲座直播，这些都有利于讲座的宣传推广。

第四，重视讲座产品开发，主动适应直播浪潮。资料保存是讲座产品开发的基础。随着讲座设备和技术条件的改善，大部分图书馆存有讲座现场照片、音视频、课件等资料。这一方面丰富了图书馆自建数字资源，另一方面为讲座产品的开发打下了较好的基础。

根据调查，32家省级公共图书馆中有18家在门户网站投放讲座视频，免费供读者学习使用，占比53%。这些讲座视频共计5291部，形成了庞大的开放式学习教育资源。南京图书馆、首都图书馆分别在门户网站投放讲座视频1491部和1005部，两馆合计占到总数的近一半。广东省立中山图书馆、黑龙江省图书馆分别在门户网站投放讲座视频678部和537部，同时也投放在微信公众号，借助新媒体的优势来进行传播。重庆图书馆则与超星图书馆合作，在微信公众号上投放数百部时长30分钟的微讲座，更加便于用户利用碎片化时间学习。

随着网络直播热潮的高涨，公共图书馆有意识地将讲座从线下转至线上，或采取线上线下相结合的方式开展。例如浙江图书馆早在2013年就借助腾讯平台直播讲座，还有多家公共图书馆通过数字图书馆推广工程“图书馆公开课”项目较早地实现了讲座线上直播。突如其来的新冠肺炎疫情给教育培训行业造成严重冲击，在疫情防控期间，图书馆线下讲座不得不暂停服务，但一些公共图书馆主动打破困难局面，积极借助各种直播平台举办讲座。根据调查，截至2020年6月30日，32家省级公共图书馆中有11家开展讲座线上直播，2020年5—6月，首都图书馆、四川省图书馆、重庆图书馆、广东省立中山图书馆、天津图书馆等图书馆的讲座线上直播已经实现常态化。

第五，加强馆际合作，共享讲座资源。近年来，公共图书馆讲座以其自身的特色和优势得到了社会各界的好评，主动与公共图书馆联合举办讲座的机构越来越多，馆际之间的合作交流也明显增强，全国公共图书馆讲座联盟、区域性公共图书馆讲座联盟相继成立。无论是两馆之间的合作，还是借助于联盟的多馆共同合作，公共图书馆讲座的资源共享已经成为一个显著的发展趋势，这主要体现在以下方面。

（1）共享讲座讲师资源。在讲座发展的驱动下，公共图书馆彼此寻求讲师资源也互相推荐讲师资源，形成良好的合作关系，不但丰富了本馆讲座，而且为专家学者创造了更多接触社会大众、普及文化知识的机会。还有一些公共图书馆自发或在讲座联盟的合作框架下组织巡讲活动，通过各馆联动产生规模效应。此外，各讲座联盟都将讲座讲师资源数据库建设作为重要工作，以便互通有无，打破各图书馆各自为政的局面，为用户提供更好的讲座服务。

（2）共享讲座数字资源。信息技术的发展与运用，为公共图书馆讲座资源共建共享提供了技术上的保障。讲座音视频产品的开发、新媒体直播技术的成熟使得讲座跨馆异地传播成为可能。共享讲座数字资源可以提高公共图书馆讲座的覆盖面和影响力，彻底打破地域空间的局限。

（3）共享硬件设施资源。21世纪以来，我国绝大多数公共图书馆在硬件建设上都有了很大提高。特别是随着许多省市图书馆兴建新馆，报告厅、展览厅、培训教室、视听室等空间条件及配套设备越来越好，为馆际间的讲座合作奠定了基础。

（4）共享智力资源。公共图书馆讲座需要复合型的人才，既要懂得图书馆业务知识，具有较广阔的知识面，又要具备较高的策划能力、组织能力、沟通能力和服务水平。在公共图书馆讲座加强馆际合作的同时，工作人员之间的交流也更加频繁。他们在合作中碰撞出思想的火花，在交流中分享工作经验，使得共享智力资源成为现实。

（5）共享服务理念与标准。由于全国公共图书馆讲座发展很不平衡，在讲座服务流程与规范方面也需要建立一系列有效的交流协作机制，确定相对统一的工作标准和整体发展战略目标。

二、我国公共图书馆讲座发展的制约因素分析

调查显示，我国公共图书馆讲座在迅速发展的同时，还面临着一些制约因素。客观看待这些因素并对其加以科学分析，有利于公共图书馆讲座进一步健康持续发展。

（1）讲座经费仍然不足。随着我国公共文化投入的不断增加，公共图书馆讲座经费匮乏的状况得到一定程度的改善。但我国经济发展水平很不平衡，各地图书馆拥有的基础资源也相差极大。目前省级公共图书馆讲座经费均能够得到保障，其中部分图书馆每年讲座经费可达数百万元，为讲座的开展提供了有力支撑。而一些基层图书馆在购书经费尚且短缺的情况下，根本无力对讲座等业务投入资金。2018年河北省图书馆崔稚英曾面向河北省公共图书馆讲座开展调查，在接受调查的24家图书馆中有5家使用“讲座专项经费”，3家使用“免费开放经费”，13家基本没有讲座经费或没有稳定的经费来源[①]。哈尔滨市图书馆张双羽所在的课题组对黑龙江省10家省级和地市级公共图书馆讲座进

① 崔稚英．河北省公共图书馆讲座服务调查与分析[J]．图书馆工作与研究，2018（S1）：28-34.

行调查，其中6家图书馆讲座有专项经费，4家图书馆讲座没有专项经费，除黑龙江省图书馆和哈尔滨市图书馆的讲座经费投入比较有保障，其他有讲座专项经费的图书馆都面临投入不够、资金不足的问题，没有专项经费的图书馆更是难以开展讲座工作[①]。

在经费有限的束缚下，图书馆支付给主讲人的课酬还处于较低水平。作为公益性文化活动，图书馆讲座自然不可盲目以高价邀请专家，但是对于专家的基本权益也应该予以保障。只有加强公共图书馆的讲座经费投入，确保专家应有的待遇，改善硬件设施条件，提高讲座服务品质，才能促进公共图书馆讲座的长足发展。

（2）专家资源匮乏。地域差别和城乡差别导致各地科研与教育资源配置很不平衡，专家学者多集中在高校和科研院所密集的大型城市，这成为当地图书馆讲座得天独厚的优势。但对于专家资源稀缺的欠发达地区和中小型城市来说，邀请外地专家到本地讲学存在着诸多现实困难，不但要面对课酬、差旅等经费方面的困难，还要克服缺少联系专家的途径、难以争取专家的配合、交通不便等问题。崔稚英的调查显示，在接受调查的24家公共图书馆中，除河北省图书馆外，全省只有3家市级图书馆建立了自己的专家资源库[②]。这导致一些地区的图书馆难以开展讲座业务，影响了那里的公众在公共文化方面的获得感。

（3）社会影响力有限。目前公共图书馆讲座的社会影响力仍较小，社会关注度不够，参与者数量较少。同样的讲座选题，图书馆的宣传效果往往不如书店、书商，而中小型图书馆的宣传效果常常不如大型图书馆。特别是中小型图书馆的讲座信息很难被各类宣传媒体所重视，不利于讲座知名度的提高和社会影响力的扩大。

（4）专业队伍建设有待加强。相对于图书馆传统业务，讲座工作对专业队伍的要求更高，需要兼具策划能力、公关能力、管理能力的复合型人才，同时要求工作人员具备广博的专业知识。但现实情况却是很多公共图书馆的讲座从业人员的数量或者素质无法达到工作的要求。以重庆市公共图书馆为例，全市

---

① 张双羽. 公共文化服务体系背景下黑龙江省公共图书馆公益讲座现状调查研究[J]. 内蒙古科技与经济，2019（7）：139-141.

② 崔稚英. 河北省公共图书馆讲座服务调查与分析[J]. 图书馆工作与研究，2018（S1）：28-34.

基层图书馆讲座工作共有从业人员52人，其中专职14人，兼职38人，兼职现象严重，不利于讲座服务向专业化方向发展①。从总体上看，公共图书馆讲座业务尚存在工作人员素质参差不齐的情况，专业队伍建设与讲座业务发展的需要还有较大差距。

第四节　公共图书馆讲座协作

作为社会服务的新亮点，公共图书馆讲座如何加强竞争力，实现可持续发展，是目前国内各馆面临的一个共同课题。为了解决事业发展中所存在的诸多问题，推动全国公共图书馆讲座工作向前发展，必须加强馆际交流，走合作发展、资源共享之路。

一、公共图书馆讲座协同发展是公共文化服务体系的需要

图书馆作为公共文化服务体系的重要组成部分，是传播教育、文化和信息的一支有生力量，为个人和社会群体的终身教育、自主决策和文化发展提供有利条件，发挥着其他文化设施不可替代的重要作用。我国政府明确提出建立"普遍均等，惠及全民"的公共文化服务体系，这就要求公共图书馆必须坚持公益性、普适性原则，普遍、平等、均衡地面向广大公众提供多元化的公共文化产品和服务，让人们享有均等的文化权利。

各图书馆之间加强合作，资源共享，互帮互补，均衡推进图书馆讲座的全面发展，形成从国家图书馆到省、市、区（县）图书馆多层次完善的讲座业务格局，是新时期构建公共文化服务体系的必然要求。通过合作，图书馆界能够共同发展，共同进步，更好地履行自己的社会责任，让有限的经费投入实现社会效益最大化，满足更广大人民群众的多元化精神需求。这正是当代社会公益文化服务的精髓所在，也充分证明了图书馆作为公共文化服务机构对城市和社会发展所能产生的现实作用，体现了公共图书馆的存在价值。

---

① 伍雪梅，童明余．基层图书馆讲座服务现状与思考——以重庆市基层公共图书馆调查为例[J]．图书馆研究，2015（1）：54-57.

二、公共图书馆讲座协同发展是业界的共同愿望

许多欠发达地区公共图书馆和基层公共图书馆开展讲座工作受到场地、经费、人才、讲师资源等种种因素制约，迫切希望得到同行尤其是讲座服务开展较好的大型图书馆的支持，共享讲师资源和课件资源，协助提供专业队伍培训，提升讲座服务水平。而对于讲座服务发展较好的公共图书馆来说，如何使优质的讲座资源走出本馆走向全国，进一步扩大讲座的影响力和覆盖面，是它们面临的现实问题。在此情况下，加强馆际合作、开展资源共建共享、交流工作经验、制定行业标准和规范，成为公共图书馆讲座服务的趋势和方向。同时，通过馆际合作，全国公共图书馆讲座可以形成规模优势和合力作用，提高全国公共图书馆讲座整体的服务水平，从而推动公共文化生活的全面繁荣和发展。若要实现这些愿景，需全国公共图书馆携手从以下几个方面着力开展合作。

（1）实现讲座资源共建共享。公共图书馆普遍希望广泛开展讲座资源的共建共享，包括整合与分享专家资源、选题资源、课件资源等，以此帮助各馆拓宽信息渠道，方便工作人员了解各馆业务发展动向，促进优秀讲座资源的合理流动。

（2）开展巡讲活动，打造公共图书馆共有的讲座品牌。巡讲活动既可以推广有一定地区影响力的讲座，同时又能够带动欠发达地区图书馆讲座业务的发展，形成公共图书馆讲座业务良性互动、携手共进的格局。巡讲活动还有利于发挥集约优势，共享巡讲成果，拓展讲座的辐射力和影响力，为打造公共图书馆共有的讲座品牌奠定基础。

（3）加强讲座产品的联合开发与共享，扩大讲座的社会影响力。讲座成果的整理和开发至关重要，它能够使讲座突破时间与空间的限制，产生广泛、持久、深远的影响，因此被视为树立与推广讲座品牌的重要途径。然而，同一类型的讲座选题，其文字、音视频等后期产品往往分散在各主办单位，难以系统性地整理和开发。这就需要各馆联手，整合相关讲座产品，共同进行开发，共享开发成果。例如出版“全国公共图书馆讲座丛书”及制作推出音视频产品，扩大讲座的社会效益和经济效益。同时，各馆在彼此采选收藏讲座产品方面开展合作，能够为讲座成果的持续稳定开发提供保障。

（4）加强人才培养，开展业务培训与交流。人才匮乏、专业化水平较低是

制约公共图书馆讲座发展的关键因素。若要实现讲座业务的长足发展，必须加强讲座专业人才的培养和专职岗位的培训，提高专业队伍的整体素质，提升工作人员在讲座设计与策划、宣传与推广、过程组织与管理以及成果整理与开发等方面的能力，实现图书馆讲座业务的标准化与专业化。

公共图书馆讲座业务的进一步发展既需要政府的重视和社会各界的支持，也需要通过馆际合作走出一条创新发展的道路，在优势互补的基础上，坚持面向社会服务大众，实现优秀讲座资源的全国覆盖与全民共享，携手共建中华民族共有精神家园。

三、全国公共图书馆讲座联盟的创建

基于社会文化发展的需求及公共图书馆界对于实现讲座资源共建共享的共识和愿望，由国家图书馆牵头，在全国66家公共图书馆的共同发起下，全国公共图书馆讲座联盟应运而生，并开始了馆际讲座协同发展的探索与实践。

（一）全国公共图书馆讲座联盟诞生的背景

首先，公共图书馆讲座业务发展迅猛。2004年文化部召开全国公共图书馆讲座工作会议以后，各级公共图书馆积极行动，加强了对讲座工作的重视与规范，在机构设置、人员保障、经费来源、场地设备、宣传推广等自身建设方面逐步完善，讲座品牌如雨后春笋般涌现。以国家图书馆、上海图书馆、广东省立中山图书馆、首都图书馆、安徽省图书馆、浙江图书馆、福建省图书馆、山西省图书馆、武汉图书馆等为代表，图书馆讲座形成了系列化、品牌化和规模化。国家图书馆的“部级领导干部历史文化讲座”“文津讲坛”“国图讲坛”“文津读书沙龙”“文津少儿讲坛”，上海图书馆的“上图讲坛”，首都图书馆的“首图讲坛”，安徽省图书馆的“新安百姓讲堂”，辽宁省图书馆的“辽图讲坛”，广东省立中山图书馆的“广东学术论坛”、福建省图书馆的“闽图大学堂”、山西省图书馆的“文源讲坛”，黑龙江省图书馆的“龙江讲坛”，广西壮族自治区图书馆的“八桂讲坛”，桂林图书馆的“桂海讲坛”，武汉图书馆的“名家论坛”及宁波市图书馆的“天一讲坛”等诸多知名讲座品牌得到了社会各界的认可和好评，在创建学习型社会的过程中发挥着独特作用。这些讲座从满足用户的多样化需求、促进人的全面发展出发，推出了针对不同用户的分层服务。其中既有针对领导干部的讲座，也有针对科研人员、职场人士、大学生、少年儿童、老年人、残障人士等多种人群的专场讲座。同时，一些公共图书馆还主动将讲座业务向馆外延伸，走进社区、企业、工地、学校、军营、残联、监狱、福利院等单位，扩大了图书馆的影响力，使更多的社会公众了解、走进、利用图书馆。“走出去”的图书馆讲座拓展和延伸了公共图书馆的社会教育职能，搭建了公众与专家学者直接沟通的文化平台，树立了图书馆作为公益性文化服务机构的良好社会形象，受到了社会各界的普遍欢迎。

其次，公共图书馆讲座得到政府的鼓励和扶持。2004年底，文化部在佛山召开全国公共图书馆讲座工作会议，要求全国图书馆普遍开展讲座工作。2006年，文化部办公厅下发了《文化部办公厅关于深入开展公共图书馆讲座工作的通知》，充分肯定讲座工作在提高全民文化素质和公共文化服务体系建设中所起的积极作用。2009年4月23日，温家宝总理在国家图书馆出席“文津读书沙龙”时指出：“大家通过读书和举办讲座等形式开展活动，这对于推动全民族养成读书的良好习惯，提倡读书好、好读书、读好书将起到促进作用。”①2009年9月9日，中共中央政治局常委李长春在国家图书馆建馆100周年庆祝大会上强调：“要充分利用图书馆的设施、文献、技术等资源，积极开展讲座、咨询、展览、培训等特色服务，不断拓展服务的深度和广度，更好地发挥图书馆在普及科学知识、提高社会文明程度和公民文明素质、推动社会发展进步方面的重要作用。”②政府的鼓励和扶持促进了公共图书馆讲座业务的常态化和规范化，为图书馆讲座工作健康持续发展打下了基础。

再次，公共文化服务体系建设要求公共图书馆讲座业务均衡推进。公共图书馆作为公共文化服务体系的重要组成部分，是文化信息传播的有生力量。然而，我国目前各地公共图书馆讲座资源发展很不平衡。一是经济发展水平不同导致各地公共图书馆讲座资金投入、硬件设施存在差异。二是各地人才资源、科研水平、人文环境差异导致讲座专家水平参差不齐。因此，各图书馆之间加强合作，共建共享资源，均衡推进图书馆讲座业务的发展，成为构建公共文化服务体系的必然要求。

---

① 读书好 好读书 读好书——温家宝总理参加“世界读书日”活动纪实[EB/OL].（2009-04-23）[2021-01-02]. http://www.gov.cn/ldhd/2009-04/23/content_1294455.htm.

② 李长春. 文化强国之路：文化体制改革的探索与实践[M]. 北京：人民出版社，2013：517.

图书馆界首先在区域性讲座业务合作方面开展了有益的尝试与探索。2004年6月，由上海图书馆牵头，长三角地区18个城市的公共图书馆在资源共享、优势互补、互利互惠、自愿参加的前提下签订了《长三角公共图书馆讲座资源共建共享协议》，跨地区的馆际讲座资源共建共享开始启动。2005年，文化部全国文化信息资源建设管理中心、国家图书馆和上海图书馆共同倡议，全国近60家图书馆共同签订了《公共图书馆讲座资源共建共享协议书》。2008年10月，浙江图书馆牵头召开全省公共图书馆讲座工作会议，成立了浙江省公共图书馆讲座联盟。

这些探索和尝试推动了公共图书馆间讲座业务的合作，促进了各馆之间的信息互通、成果交流与资源共享。但是，全国各级图书馆多层、互补、互动的合作格局和有效的协调协作机制仍然没有形成，远远不能满足公共图书馆讲座事业发展的需要。从长远发展来看，构建全国公共图书馆讲座联盟，有利于提高讲座业务专业队伍的整体服务水平，有利于弥补地区间的资源不平衡，有利于促进公共文化体系建设。可见，开展全方位、深层次的图书馆讲座合作与共建已经成为当务之急。

（二）全国公共图书馆讲座联盟的创建过程

为了促进公共图书馆讲座业务合作，解决讲座业务发展中遇到的实际问题，国家图书馆于2009年8月11—12日召开了“全国公共图书馆讲座工作研讨会”。与会代表有来自全国近60家图书馆（其中包括27家省级图书馆）的讲座业务主管领导及工作人员，共计百余人。大家共同发起了成立全国公共图书馆讲座联盟的倡议。参会代表一致同意以促进合作、开展交流为旨归，秉承公开平等、互利互惠之原则，以共建共享为方法，在全国公共图书馆间就讲座工作加强合作与交流。会后的1个月内，66家公共图书馆作为全国公共图书馆讲座联盟的发起馆签署了《全国公共图书馆讲座联盟合作意向书》。全国公共图书馆讲座联盟自此进入筹建阶段。

2010年10月，公共图书馆讲座数据库建设研讨班在武夷山市举行，来自全国公共图书馆讲座联盟发起馆的70多人参会。参会者多是各馆具体负责讲座业务的工作人员，因此可以充分交流业务状况，探讨工作中遇到的困难和问题，为全国公共图书馆讲座联盟的后续发展奠定了很好的基础。

2010年12月15—16日，国家数字图书馆推广工程启动仪式暨全国图书馆创新服务工作座谈会在国家图书馆举行。在其中的“公共图书馆讲座联盟工作”业务研讨会上，全国公共图书馆讲座联盟正式成立，讲座联盟网络平台正式开通。会上讨论了《国家图书馆对全国公共图书馆讲座联盟建设的意见》，明确了全国公共图书馆讲座联盟是由全国公共图书馆自愿组成的非营利性行业联盟，以促进全国图书馆讲座业务发展与合作为目标。全国公共图书馆讲座联盟的成立为公共图书馆讲座业务的进一步推进打下了良好的合作基础，目前成员馆已经增加到200余家。

四、全国公共图书馆讲座联盟的工作成绩

全国公共图书馆讲座联盟成立后得到了成员馆的大力支持，多项工作顺利开展，在资源共享、品牌推广、产品开发、人才培养、业务研究等方面取得了一定成绩。

（一）搭建讲座资源共建共享平台

讲座资源共建共享网络平台是全国公共图书馆讲座联盟开展工作的基础。该平台自2009年下半年开始筹建，初期做了大量的调研工作，广泛征求各馆的建议，提出平台的需求方案。经过反复的设计、论证、审核和修改，最终完成平台搭建工作。国家图书馆为此投入资金、人力支持。在一年多的试运行期间，各馆共同参与并提出意见，促使平台的各项功能日趋完善，于2010年12月全国公共图书馆讲座联盟成立时正式开通。平台的主要功能在于资源共享、信息发布、联系交流等。

资源共享主要是通过各馆共同建设的专家资源数据库和讲座资源数据库，在馆际间整合与分享专家资源、选题资源、音视频资源等数据信息。2010年10月举办的“2010年全国公共图书馆讲座工作研讨会暨讲座联盟网络平台建设与使用培训班”提高了各馆工作人员的讲座数据建设和使用能力，大大推进了平台建设进度。当年平台数据量达到17000条，次年增长至19000条，为各馆策划讲座提供了重要参考。

共建共享平台还可以发布成员馆讲座信息、业务动态及讲座音视频，为成员馆的讲座宣传推广和工作人员的沟通交流提供便利。同时，共建共享平台设置了成员联络和交流的专区，大家可以通过这个专区互相帮助、分享经验，对全国公共图书馆讲座联盟的工作建言献策，共同参与到联盟的组织管理之中。

（二）推广有地区影响力的讲座，联合打造讲座品牌

全国公共图书馆讲座联盟对全国公共图书馆讲座业务进行了调研和摸底，以便全面掌握讲座业务的发展现状，总结先进的经验与超前的模式，推广优秀讲座品牌，并在全国范围内组织示范巡讲。巡讲活动既可以推广有地区影响力的讲座，又能够带动欠发达地区图书馆讲座业务的发展，形成公共图书馆讲座业务良性互动、携手共进的格局。巡讲活动还有利于发挥集约优势，共享巡讲成果，拓展讲座的辐射力和影响力。自全国公共图书馆讲座联盟筹建至今，已经以多种合作方式举办巡讲数百场，为成员馆输送了大量的专家资源。

同时，全国公共图书馆讲座联盟还致力于打造行业共有的讲座品牌。2010年6月至7月，尚在筹建中的全国公共图书馆讲座联盟就推出了“地方文献与地方文化”系列讲座，引起了各馆的积极响应。各馆纷纷推荐当地的精品讲座和优秀专家参与到活动中。该系列讲座在北京成功举办了10场活动，为公众奉献了一系列地方文化大餐，社会反响非常热烈。2013年，在该系列讲座的第二阶段，配合文化部非物质文化遗产司与国家图书馆联合举办的非物质文化遗产保护展览，全国公共图书馆讲座联盟推出了“乡土文化之丝、织、绣、染技艺”专题讲座，共举办讲座8场。

（三）开发讲座产品，扩大讲座的社会影响

现场讲座受到时间和空间的严格限制，即使通过巡讲，也只能使有限的公众受益。因此，讲座成果的整理和产品的开发至关重要，是推广讲座品牌的重要方式。讲座联盟倡导各馆联手，整合相关讲座产品，共同进行开发，共享开发成果。为了扩大应用渠道，全国公共图书馆讲座联盟需携手网站、报刊、电视和广播等媒体共同推广讲座内容，这要求联盟在成员馆间开展互助，提高摄像编辑及数字化制作水平，创造出高品质高水准的文化产品。“地方文献与地方文化”系列讲座举办之后，联盟组织参与馆整理、编辑书稿，出版了《乡土文化研究》一书。该书的出版是联盟在联合报送选题、联合举办讲座、联合开发产品方面的探索和尝试。

（四）加强人才培养，开展业务培训与交流

人才匮乏、专业化水平较低是制约公共图书馆讲座发展的关键因素。2011年11月13日至15日，由国家图书馆和山西省图书馆共同主办的“2011年全国公共图书馆讲座联盟省级成员馆工作会议”在太原召开。2012年11月22日至

24日，“2012年全国公共图书馆讲座联盟及展览工作会议”作为中国图书馆年会的分会场在东莞召开。这些会议为从事讲座的图书馆工作人员提供了更多的学习和交流机会，有利于提升讲座业务队伍的整体素质。

（五）加强业务研究，促进讲座业务的专业化与标准化

公共图书馆讲座业务虽已开展多年，但仍然缺少专业规范与标准，具有很强的随机性和随意性。全国公共图书馆讲座联盟尝试组织业务研究，向成员馆征集业务论文，于2011年出版了《全国公共图书馆讲座工作论文集》，收录了各馆讲座工作人员的学术论文58篇，共计30余万字，成为广大从业人员的案头参考书。联盟还致力于帮助成员馆深化对讲座工作的理论认识，形成一套系统化的操作规范。

图1–1 《全国公共图书馆讲座工作论文集》

（六）全国公共图书馆讲座联盟的组织架构和工作模式产生复制效应

在全国公共图书馆讲座联盟成立之后，山东省公共图书馆讲座联盟、江西省公共图书馆讲座与展览联盟、安徽省公共图书馆阅读推广联盟、山西省公共图书馆流动讲座定制化服务项目相继诞生，形成从国家图书馆到省、市、区

（县）图书馆多层次的讲座资源共建共享格局。

图1–2　山东公共图书馆讲座联盟成立仪式

全国公共图书馆讲座联盟建立的初衷在于公共图书馆讲座资源的共建共享。但在实际发展中，联盟成员馆已经不局限于公共图书馆，一些高校图书馆也加入进来；联盟的工作范围也已经远远超出讲座业务，扩展到文津图书奖、图书漂流、阅读之旅等许多阅读推广项目上的合作，越来越多的阅读推广项目依托联盟而成功开展。因此，可以说全国公共图书馆讲座联盟已经成为实际上的“阅读推广联盟”。

第二章　怎样举办图书馆讲座

第一节　怎样选题

选题策划是图书馆讲座工作的首要环节。讲座致力于传播知识文化，总要围绕一个主题展开内容阐述，系列讲座有总体选题，单场讲座有特定选题，正是一场场讲座的选题构建了图书馆讲座的品质和品牌。图书馆讲座要想取得良好效果并实现其价值，应切忌选题的随意性和盲目性。图书馆员在策划讲座选题时需把握以下原则。

一、图书馆讲座选题要立足于用户需求

满足用户的知识文化需求是图书馆讲座的直接目的。一方面，图书馆讲座的选题在总体上应涵盖诸多学科领域，强调通识教育，兼顾不同用户的需求，以便多数用户都有机会选择自己所需要的讲座。另一方面，具体到某一系列或某一场讲座，则应从不同目标用户的需求出发，通过精准的选题吸引目标用户参与讲座，从而使用户能够从讲座内容中获得最大的收获。

互联网、大数据和新媒体技术的发展，为从事讲座服务的馆员拓宽了了解社会公众需求的渠道。首先，可以从用户在图书馆留下的借阅数据和行为数据中了解他们获取知识信息的喜好和倾向。其次，可以从图书馆官方微博、微信公众号等新媒体的点击量、评论、问答等互动中了解用户对讲座的需求。再次，线上发布和线下发放的调查问卷及讲座现场反馈等传统渠道仍然是了解用户需求的有效途径。例如重庆图书馆通过调查发现，家庭教育的社会关注度很高，因此“专门针对3至8岁的儿童及他们的家长开设了公益性讲座，以故事会的形式吸引孩子们，打造出‘毛毛虫欢乐沙龙’这个品

牌”[①]，受到热烈欢迎。

二、图书馆讲座选题应结合学术热点和社会热点

图书馆讲座若要追求高品质，从事选题策划的馆员必须关注学界动态，把握各学科领域的热点和前沿，或至少对本馆讲座所涉及的学科领域的新成果有所了解。为实现这一目的，馆员应加强自身的学习和提高，或通过阅读新书获悉出版状况，或积极向专家学者请教、征集优质选题，或主动走出图书馆参加学术交流和学术会议，通过多种渠道拓宽视野、获得灵感。例如，2016年2月12日，美国科学家首次宣布探测到来自遥远天体的引力波，印证了100年前爱因斯坦根据其“相对论”做出的预言。在这一科学热点备受全社会关注之时，国家图书馆“国图讲坛”迅速做出反应，策划举办了相关主题讲座“引力波，带人类倾听星辰大海之声”“感受时空的涟漪：引力波直接探测解读”，分别邀请中国科学院国家天文台研究员苟利军、清华大学信息技术研究院研究员曹军威担任主讲人，取得很好的科普效果。

除学术热点外，馆员在选题策划时还应关注社会热点，通过报纸、电视、网络等媒体获取新闻资讯，保持对热点话题的敏感度。社会热点受到广泛关注，往往正是公众知识信息需求之所在，因此与社会热点深度结合的讲座能够产生更深更广的影响。大多数社会热点时效性较强，持续时间较短，甚至具有瞬时性的特点，无论是图书馆还是其他机构的讲座，谁先抓住热点，谁就抢占了先机。如果等话题热度已过才开始策划相关讲座，无异于“炒冷饭”，现场反响和传播效果必然不佳。考虑到这一点，此类讲座的选题策划应该具有及时性，甚至前瞻性。例如，2011年是辛亥革命一百周年，国家图书馆为纪念这一重大历史事件举办了“百年辛亥专题研究”系列讲座。其策划工作早在2010年初便已提前着手，国家图书馆联合民革中央及多所高校、科研院所共同做好选题规划。该系列讲座从2010年8月启动，一直持续到2011年底收官，共举办20余场，以其学术水准之高、专家阵容之强大、内容之丰富、角度之新颖、研究之深入，产生了很大的社会影响力。

---

① 许尧尧. 关于重庆图书馆讲座工作的思考[C]//国家图书馆文化教育部. 全国公共图书馆讲座工作论文集. 北京:国家图书馆出版社,2010:275-279.

同时，也有部分社会热点可以持续较长的时间，有时会在若干年内保持热度。与此类热点相关的讲座在策划时可以考虑长期布局，以适当的频率持续举办。例如，国家图书馆“国图讲坛”的“大数据研究”系列讲座、“乡村，诗意的栖居”系列讲座、“世界遗产视野下的‘一带一路’”系列讲座等皆为每月举办一期，其中“大数据研究”系列讲座自2012年启动至2017年收官，持续举办了5年之久，见证了大数据从新生事物到广泛运用的整个历史进程。再如国家图书馆每年一度的“非物质文化遗产保护”系列讲座，固定在每年6月世界遗产日前开始举办，前后延续一至两月。

此外，有时学术热点与社会热点是重合的，如果在讲座策划时能够有意识地将二者相结合，那么讲座的效果和价值也会产生叠加效应，上述的成功讲座案例大多具有这一特征。

三、图书馆讲座选题策划应兼顾通识与特色

图书馆讲座的用户较为广泛，因此在策划选题时应考虑到不同人群的需求。一方面，应照顾普遍需求，选择大多数人所关注的、对大多数人有益的话题。另一方面，就整体而言，讲座选题应该尽可能丰富、全面、多元。这种选题的多元化倾向自图书馆讲座创办之初就已经显现出来。以国家图书馆为例，早在20世纪50年代初，讲座选题就已经涉及多个领域，例如1953年讲座中政治经济类的占16%，科学类的占5%，历史类的占16%，文学类的占52%，艺术类的占11%，内容非常丰富。如今，图书馆界举办讲座的内容更加包罗万象，精彩纷呈，例如浙江图书馆的“文澜讲坛”已经拥有文学艺术、国际形势、音乐、书画艺术、经济、浙江文化名人、文学解读浙江、西湖文化、创新创业、名校校长面对面、未成年人阅读辅导等20多个讲座系列。随着人们文化生活的多样化以及知识信息更新速度的加快，未来图书馆讲座的内容将会更加丰富，用户的多元需求也将得到更好的满足。

图书馆讲座的选题在注重通识性的同时，还需要关注特色，每家图书馆都应有意识地突出自己的强项和优势。例如地方特色文化讲座就是许多图书馆的专长，它基于馆藏地方文献资源而开展，不但公众喜闻乐见，而且有助于宣传当地历史文化与人文特色，打造地方文化名片。首都图书馆的“乡土课堂”就是其中的成功案例。它依托首都图书馆丰富的地方文献资源，立足

北京乡土题材，面向公众讲述老北京的文化传承、风土人情和历史掌故。“乡土课堂”凭借鲜明的定位、浓郁的京味文化特色、生动活泼的内容受到市民的喜爱，被媒体誉为“人文历史文化大餐”，成为北京最具特色的品牌讲座之一。福建省图书馆也培育了具有鲜明地方文化特色的讲座品牌，先后推出福建海洋文明、船政文化、楹联、土楼、名村名镇以及寿山石、脱胎漆器、软木画艺术珍品鉴赏等系列讲座，浓墨重彩地介绍福建地域文化和闽台文化，以此确立了讲座品牌特色。湖南图书馆的“湘图讲坛”以“传承湖湘文化，建设书香湖南”为工作要点，重磅推出“湖湘文化系列讲座”，围绕湖湘文化、湖湘人物、湖南经济发展、湖南风景名胜等多方面开展讲座。上海徐汇区图书馆的“城市记忆”和“百年老店寻根”系列讲座也都因其地方文化特色而获得了很好的社会反响。当然，特色选题并不仅限于地方文化，图书馆还可以从不同角度策划特色选题，例如桂林图书馆的“桂海讲坛”不但有桂林山水文化与民族艺术特色的讲座，而且还策划组织了少儿讲座及其他少儿阅读活动，精彩纷呈，效果很好。

四、图书馆讲座选题策划应兼顾学术品位与知识普及

图书馆讲座在选题策划时应注重一定的学术品位，讲座的内容必须具有科学性，绝不能像某些机构讲座那样“忽悠”公众。特别是面对当前社会上存在的伪科学、伪国学现象，从事讲座选题策划的馆员必须提高警惕性和辨别力。例如，广受大众欢迎的健康养生类讲座，倘若不考察内容的科学性和主讲专家的专业背景，就可能导致错误用药、延误病情等损害健康的严重后果。因此图书馆讲座选题必须确保学术性与专业性，具体内容则可以从公众易于接受的角度入手，使具有不同知识储备的用户都能够有所收获。例如，广东省立中山图书馆曾精心策划了“广东学术论坛·中国趋势”系列讲座，共举办“中国经济发展的另类思考”“长三角一体化中的经验与问题和对珠三角的启示”“当今中国社会和社会问题”“20世纪90年代以来中国社会结构演变的新趋势”“中国农村政治：现实与未来的走向”“市场经济的法律解释”等多场活动，主题紧跟时代热点，同时易于公众理解、接受，因此讲座广受欢迎、好评如潮。

☞小贴士：

作为公共文化机构面向大众开放的文化传播平台，图书馆讲座进行选题策划必须坚持正确的舆论导向。馆员在策划讲座时应具备高度的政治责任感和敏锐性，特别是在涉及政治、民族、宗教、外交、海峡两岸关系等内容时，馆员应慎之又慎，通过深入调研、严格把关及履行报批程序，防止出现不当观点和言论。

第二节　由谁主讲

图书馆讲座由谁主讲，即以什么标准邀请主讲人，或者说主讲人应具备什么条件，这是决定讲座成功与否的关键因素。主讲人的研究专长和学术水平与讲座质量、效果密切相关，同时主讲人的知名度也对讲座效果有一定的影响，同样的选题由不同的主讲人来实施，效果很可能大相径庭。为了保证讲座效果，同时出于对讲座品牌的珍视，图书馆对主讲人有比较严格的要求，大多基于自身的经验和实际情况总结出主讲人的遴选标准，例如前述广东省立中山图书馆的“广东学术论坛”就要求“主讲人一要知名度，二要美誉度，三要影响力，四要敢讲话，讲真话实话”[①]。总体来说，图书馆讲座通常从以下几个方面确定遴选主讲人的标准。

一、专业水平

策划讲座的馆员在遴选主讲人时首先应注重考察其专业水平，确保讲座质量能够经得起检验，使用户有收获和启发。为此，图书馆讲座的主讲人通常由高校教授、科研院所研究员、艺术家、企业家及其他行业专家等担任。同时，在同一学科领域内的专家人选往往不止一人，馆员遴选时通常会考虑专家的知

① 李昭淳，毛凌文．讲座策划可以使图书馆成为思想高地——试谈“广东学术论坛·中国趋势”案例[C]//国家图书馆文化教育部．全国公共图书馆讲座工作论文集．北京：国家图书馆出版社，2010：167-170.

名度，这的确是衡量标准之一，但不能作为唯一标准。馆员应对讲座选题范围内的专家有较为全面的了解，从讲座内容、形式、目标用户以及预期效果出发，选择最合适的专家担任主讲人。例如笔者在策划“世界遗产视野下的‘一带一路’”系列讲座时，首先邀请著名考古学家、中国社会科学院考古所研究员、原所长刘庆柱领衔，因为刘庆柱的学术成果及在学界的领军位置是被公认的；邀请清华大学教授、国家遗产中心主任吕舟主讲“世界遗产与文化战略的思考”，是因为吕舟参加世界遗产评审工作，熟知丝绸之路成功申报世界遗产的详细过程；邀请北京大学陈凌教授主讲“天山廊道的丝绸之路”、邀请国家文物局姜波研究员主讲“考古学视野下的海上丝绸之路”，是基于两位专家分别专长于陆上丝绸之路和海上丝绸之路。如果馆员不了解专家的研究领域和学界的研究动态，就难以将主讲人与讲座选题合理匹配，也就无法实现讲座的最佳效果。该系列讲座共邀请10位专家从不同角度讲述“一带一路”与世界遗产的关系，虽然早在2015—2016年举办、2017年出版同名图书，但直到2020年仍作为精品讲座通过国家图书馆公众号推广。

二、表达能力

为了实现令人满意的讲座效果，策划者在遴选主讲人时还需考虑其表达能力。首先，作为基本条件之一，主讲人应口齿清晰。这在很大程度上取决于其生理因素，但会直接影响到讲座效果，必须予以考虑。其次，对主讲人表达能力的更高要求是具备较强的语言组织能力。倘若主讲人语言表达混乱、颠三倒四、逻辑不清，用户接收到的有效信息会大打折扣，必然影响到讲座效果。再次，优秀的主讲人善于将讲座的知识性与趣味性相结合，以丰富生动的形式、深入浅出的语言引发听众的兴趣与思考。图书馆讲座的用户来自各行各业，未必都是专业人员，即使主讲人具有很高的学术水平，但如果表达过于专业化、学术化，令用户不知所云，仍然难以取得良好的知识传播效果。此外，主讲人在讲座时应尽量讲普通话。这一要求绝非歧视方言，而是出于知识信息传播便利和有效的考虑。随着社会的发展，人口流动成为常态，图书馆讲座的用户不仅限于本地人，特别是大中型城市图书馆讲座的用户很可能来自全国各地。为此，在遴选主讲人时需要将讲普通话纳入基本要求之中，以便讲座更易被用户接受。此外，今天的图书馆越来越重视讲座的后期开发和传播，优质的讲座可以通过互联网等各种媒介传播到世界每一个角落，尽量使用普通话显然有利于其传播。有一位外交官著述丰硕，讲一口地道、流利的外语，但他从不接受讲座和培训邀约，因为他认识到自己讲中文时浓重的口音会影响到表达和交流。但并非所有专家都能够对自己的表达能力做出客观评价，这就要求从事讲座策划的馆员在遴选主讲人时做足功课，全面调研。

三、名人效应

在各种机构纷纷举办讲座的热潮中曾经刮起过一阵不小的“名人风”。邀请名人担任主讲人、利用名人效应吸引公众的关注，确实可以在一定程度上提高社会各界对讲座的关注度和参与度，但图书馆也需理性看待这一现象。第一，名人资源的有限性与图书馆讲座经费的有限性之间存在着矛盾。面对应接不暇的活动邀约，名人必然要以一定的标准和条件来取舍，有时高额的课酬收益便是其中之一，还有些名人要求坐头等舱、住五星级酒店，这无疑会造成图书馆的经费负担。因此图书馆更需要物色具有较强的公益心与社会责任感的名人来支持图书馆公益事业，而不能不顾自身的经费负担能力一味追求名人效应。第二，图书馆讲座还应有意识地避免过于依赖名人效应。名人讲座能够带来一时的“热闹”，但显然不能维持讲座的长远发展。因此，馆员在遴选主讲人时应将工作重点放在考察主讲人的学识与品格上，通过讲座内容吸引目标用户，培养公众到图书馆听讲座的文化生活习惯。国家图书馆老馆长任继愈先生曾对主讲人遴选提出要求，不但要学问精深，而且要人品高洁，二者缺一不可。第三，特别需要注意的是，应避免学术炒作等不良风气侵蚀图书馆讲座。对于滥用“学术明星”“某某大师”等名号的现象应予以抵制，切不可同流合污，为学术乱象推波助澜；对于学术界争议较大或正处于舆论风口浪尖的专家更要持谨慎态度。事实证明，在“名人风”过去之后，大多数图书馆讲座已经逐渐趋于理性，找到了符合自身需要和自身特色的发展道路。

为保障讲座的持续、健康、良性发展，图书馆应注重积累、开发专家资源，建设专家资源库。经过多年的实践，许多图书馆已经拥有了各自的专家资源基础，能否在此基础上建设具有一定规模和品质的专家资源库决定着图书馆讲座发展的未来。与此同时，图书馆之间互通有无、合作单位共享等方式也是丰富专家资源的有效渠道。

☞小贴士：

一些讲座在主讲人遴选方面存在很大的随意性，这是造成讲座品牌塑造困难的重要原因之一。不同于社会上其他带有商业性质的讲座，图书馆讲座应当坚持主讲人在学问和品德两方面都具备较高水准。在图书馆讲座预告和宣传中时常可以看到一种现象，即主讲人简介中罗列出大量头衔，却不写明最基本的工作单位、职称、职务、研究方向、研究成果等必要信息，给人留下“雾里看花”的感受。馆员应严格审核主讲人提供的个人简介等资料，确保真实性和完整性，同时避免出现“大师”“学术权威”之类的用词，杜绝夸张宣传。馆员在策划颇受公众欢迎的养生健康类讲座时必须坚持科学性，邀请的主讲人必须具备医师、药师等执业资格，以免误导大众，甚至发生错误用药、延误病情等危险。

第三节　用户是谁

满足用户的知识文化需求是图书馆举办讲座的直接目的，没有用户需求，图书馆讲座就会失去自身存在的价值。然而，在讲座策划过程中馆员很容易只从主办者的角度去考虑和规划，而忽视用户的需求和体验。为了避免出现这种情况，馆员应在讲座工作中时刻提醒自己从用户的角度出发，调查、了解各种类型用户的需求，针对不同用户策划不同选题内容、不同组织形式的讲座。通常情况下，学校图书馆和专业图书馆的讲座用户较为明确，而公共图书馆的讲座用户构成非常多元，近年来图书馆界倡导的“分众服务”理念可以使图书馆讲座更好地履行社会职能，合理配置资源。概而言之，公共图书馆讲座的用户可以从以下几个角度来划分。

一、针对不同年龄的用户策划举办讲座

相对于学校教育来说，公共图书馆社会教育的用户不受年龄限制，无论耄耋老人，还是襁褓中的婴儿，都在服务范围之内，因此公共图书馆被视为公众享受终身教育的重要场所。为了适应不同年龄阶段用户差异巨大的知识

文化需求，公共图书馆有针对性地举办不同的主题讲座。通常而言，老年用户具备一定的知识基础和生活阅历，但对于新事物、新技术的接受和学习可能存在不同程度的困难；而少年儿童正处于大量吸收知识的时期，学习能力和可塑性很强，需要养成良好的阅读习惯和学习习惯，树立正确的人生观和价值观。这些不同年龄阶段的学习特点正是公共图书馆开展讲座的切入点之一。例如国家图书馆讲座中既有“关爱夕阳”老年课堂，也有“文津少儿讲坛”。老年课堂的讲座以“精彩晚年·知识人生”为理念，内容策划充分考虑老年人的年龄特点和知识需求，以信息检索、网络知识和计算机、手机及新媒体应用为主，以此帮助老年人克服“网络信息技术恐惧症”，更好地融入现代数字信息社会，同时为老年人提供了一个学习与沟通交流的平台。老年课堂举办的网上挂号、手机挂号、智能手机使用、打车软件使用、数码相机使用、数字阅读设备使用等主题讲座，为老年人就医、出行、学习、阅读等生活的各个方面提供了实实在在的帮助。“文津少儿讲坛”由国家图书馆少年儿童馆策划举办，讲座围绕少儿阅读、亲子阅读及家庭教育等内容开展，曹文轩、杨红樱、梅子涵、阿甲等许多儿童文学作家和儿童阅读推广人借助这一平台与小读者沟通交流，对于孩子成长、家长解惑、作家创作、专家研究都可以起到促进作用。

针对不同年龄用户策划举办讲座，不仅可以从主题和内容入手，也可以在形式、时间、地点上所有区别。“国图讲坛”曾举办“我也能走上讲台”活动，由合作学校推荐小学生担任主讲人，每人就某个知识点做20分钟的“微讲座”，使小主讲人在备课、演讲的过程中收获知识、得到锻炼、展示自我。首都图书馆的健康养生类讲座多安排在工作日举办，这是考虑到此类讲座的用户多为老年人，他们工作日的时间较为宽裕。有时图书馆还主动将此类讲座办到社区，减少老年人为参加讲座而奔波的辛苦。

二、针对不同职业的用户策划举办讲座

人们的不同职业对所需具备的知识文化提出了不同要求，在知识爆炸的时代，各行各业的工作人员都在寻求提升和充实自我的最佳渠道，公共图书馆讲座便成为很好的选择之一。例如由国家图书馆承办的“部级领导干部历史文化讲座”是国内图书馆界知名度非常高的讲座品牌，该系列讲座邀请相

关领域公认有影响力、有学术造诣的专家面向部级领导干部举办讲座。“部级领导干部历史文化讲座”是国家图书馆服务中央和国家领导机关的职能的体现，而山西省图书馆、福建省图书馆等公共图书馆在本省市举办系列讲座为当地党政干部学习服务，同样获得成功。创新与创业是社会发展的动力，也是许多青年人才的梦想，国家图书馆曾联合中关村科技园区管理委员会推出“中关村创业讲坛”，邀请柳传志、李开复、李彦宏等高新技术企业的管理者担任主讲人，畅谈自身的创业和管理经验，并为创新与创业提出政策建议，吸引了大量青年人才、创业者和大学生参加。苏州独墅湖图书馆专门针对其所在高科技园区的企业单位、科研机构、高校的人员策划举办讲座，也是基于用户职业的考虑。

为企业定制讲座也是公共图书馆讲座服务的方式之一。早在20世纪70年代，国家图书馆就已经有意识地根据用户职业策划举办讲座，多次应邀走进企业办讲座或将企业员工请进图书馆听讲座，服务企业有机电公司、食品公司、热力公司、医疗器械厂等。近年来，定制讲座的服务用户范围进一步扩大，例如“国图讲坛”除将讲座办到中国船舶、加多宝集团等企业外，还接受部委机关、高校及地方图书馆的讲座定制委托，不断输出优质讲座资源。在企业定制讲座方面，基层公共图书馆也积极作为，例如天津滨海新区大港图书馆将讲座办到天津石化公司，昆明市图书馆将讲座办到东方航空云南有限公司，福清市图书馆将讲座办到京东方公司，浙江省象山县图书馆将讲座办到宁波天顺电器有限公司，江苏省射阳县图书馆将讲座办到盐城市敬业玩具有限公司，青岛西海岸新区图书馆将讲座办到莱芜钢铁集团有限公司等。企业定制讲座的内容主要集中在企业管理、经济形势、阅读指导、传统文化、职业素养等方面，这对于提升企业干部职工的素质、塑造企业文化、促进企业发展、加强企业与公共文化机构的合作起到了积极作用。

三、针对需要特殊关照的用户策划举办讲座

公共图书馆“分众服务”理念应落实到对于需要特殊关照用户群体的服务中，公共图书馆讲座在为残障人士提供无障碍、便捷性、个性化服务方面做出了努力。2008年5月，“国图讲坛”邀请著名作家、哲学家周国平面向聋人群体主讲“阅读与人生”，鼓励残障人士利用新技术条件进行阅读。这

场讲座的亮点是以文字速录和大屏幕投影为技术手段，使聋人群体能够无障碍地获取讲座内容，并且通过新华网、国家图书馆网站、中国残联网站、中国盲人数字图书馆网站同步播发，使更多的聋人能够参与讲座。这场讲座被视为国内首场聋人无障碍讲座，目的在于倡导全社会关注残障人士的特殊文化需求，推进图书馆讲座的无障碍服务实践，促进残障人士信息资源公平获取①。2013年5月，国家图书馆“文津阳光讲坛”揭牌，这是依托国家图书馆讲座服务，专门为残障人士设立的讲座系列，内容多以经典名著、传统文化等题材为主，进一步丰富了残障人士的文化生活。除国家图书馆外，全国多家图书馆也格外重视面向残障人士开展讲座服务，其中安徽省图书馆与安徽省残联共同发起的“残障人士读书文化日”活动自2008年8月启动至今已持续举办10余年，截至2018年8月举办活动75期，其中讲座是重要的活动形式之一。

为残障人士开办专场讲座是图书馆人文关怀的体现，与此同时，非专场讲座也要向残障人士敞开大门，促进讲座为残障人士服务的常态化。为此，图书馆讲座还应加强以下服务。首先，残障人士克服出行困难到图书馆参加讲座实属不易，图书馆应该尽己所能在馆区内提供行动上的便利。在场地安排上，尽量选择低楼层、进出方便的报告厅，如有台阶需增加坡道。在座位安排上，根据讲座接待残障人士的实际情况预留适量座位，这些座位应方便就座和行动。在停车安排上，残障人士的机动车和代步车都需加以考虑，物业和安保部门要为残障人士停车提供方便。其次，图书馆举办残障人士专场讲座时，可多与当地残联开展合作，残联在人员组织、宣传、服务等方面具有优势，并且拥有举办残障人士活动的丰富经验。再次，在讲座中服务残障人士时，馆员应注意平等相待，热心、耐心、细心地做好相关工作。

图书馆讲座的用户还可以从其他角度进行分类，而不同角度的分众之间往往是重合、交叉的，每一类用户群的需求又是多样的，这就要求从事讲座工作的馆员调查、研究用户需求，提高讲座策划组织的专业水准。

---

① 国家图书馆为聋人朋友举办国内首场无障碍专题讲座[EB/OL].[2009-05-08]. http://archive.wenming.cn/wmzg/2009-05/08/content_16471619.htm.

☞小贴士：

图书馆讲座吸引目标用户可以通过讲座品牌定位实现，例如“老年课堂”“少儿讲坛”“领导干部讲座”等讲座品牌显然分别以老年人、少年儿童、领导干部为主要用户；同时也可以通过选题内容实现，例如文学经典解读讲座对于文学爱好者和研究者更具吸引力，而戏曲赏析讲座则往往吸引许多戏迷朋友参与。因此，在讲座策划的过程中，馆员务必同时考虑选题内容与目标用户，避免盲目策划、敷衍了事。此外，图书馆讲座的各项服务也应与目标用户的需求相结合，以老年人为目标用户的讲座应考虑场地位置便于进出、场地布局便于行动、提供饮用热水等，以儿童为目标用户的讲座应考虑环境布置活泼明快、摆放专用桌椅、安装防磕碰护角等。

第四节　怎样选择时间和空间

在讲座策划中，时间和空间的选择也是需要考虑的要素。在讲座还仅仅被图书馆视为延伸、拓展业务的年代，举办讲座的场地条件非常有限，有些图书馆甚至没有专门的报告厅，讲座常常“居无定所”，因此举办讲座的时间和频率也难以得到保证。近些年来，随着讲座成为图书馆的常规业务之一，各馆对于讲座的投入也明显增加，特别是许多省市图书馆在建设新馆时都重点考虑到讲座场地问题，拥有了现代化报告厅的图书馆讲座日渐常规化，其举办的时间和频率也相对稳定下来。

一、时间的选择

目前大多数公共图书馆都能够考虑到用户的便利，将讲座安排在周末举办，有些图书馆在策划时还根据实际情况将讲座服务向工作日和晚上延伸。例如首都图书馆每周三、周四以及周末都有讲座，湖北省图书馆每年的讲座数量达到300场左右，平均下来几乎每天都有讲座。由于学生群体在寒暑假期间有较多的自主学习时间，一些图书馆专门为此策划了假期讲座，例如山西省图书馆自2001年开始推出的“暑期中学生讲座”，邀请名师“为中学生讲授中外名著、军事、青少年心理生理健康、地理地质、电影文学、历史等内容，不仅是中学生朋友课外知识的补充，而且教给他们如何健康快乐成长”[①]，受到学生欢迎，成为当地品牌讲座之一。再如，为配合每年一度的苏州阅读节，苏州图书馆承办了“名家大讲堂”。而在每年的4月23日世界读书日前后，各地图书馆都普遍策划推出重要的讲座，倡导全民阅读，吸引公众走进图书馆。

讲座时间的规律化对于持续培育图书馆讲座品牌，培养公众的文化生活方式起到重要作用。同时，在讲座策划过程中还需灵活运用时间这一要素，结合社会热点、重要纪念日、重大历史事件等特殊时间节点举办一些时效性较强的讲座。这不但有利于提高图书馆讲座传播知识文化的效率，还有助于提高社会各界对于图书馆及其讲座的关注度，凸显图书馆讲座的时代性。例如国家图书馆“国图讲坛”于北京奥运会筹备期间策划推出了“人文奥运”系列讲座，于辛亥革命一百周年到来之际策划推出了“百年辛亥”系列讲座，于“一带一路”倡议提出后不久策划推出了“世界遗产视野下的‘一带一路’”系列讲座，于“美丽中国，美丽乡村”写入政府工作报告之时举办了“乡村，诗意的栖居”系列讲座，于大数据兴起之年策划推出了“大数据研究”系列讲座，于“工匠精神”提出之时策划推出了“匠意营造：中国传统建筑”系列讲座，这些都是打破常规、紧跟时代热点策划讲座的成功案例。各地图书馆也举办了很多时效性较强的讲座，例如2010年上海世博会和广州亚运会相继召开，上海图书馆和广州市图书馆分别精心策划推出了相关的系列专题讲座。

二、空间的选择

讲座空间的选择与讲座时间的选择紧密相关。在相当长的时期内，图书馆讲座策划对空间的重视不够充分，但这并非出于馆员的主观原因，而是那时候图书馆空间及其他硬件条件有限，能有个场地确保讲座顺利举办已属不易。随着我国公共文化事业的发展，大多数图书馆都已建有报告厅，有些图书馆还拥有多间报告厅、多功能厅、教室、视听室甚至剧场，特别是近年来许多地方馆建设新馆，报告厅配备了高科技设备，这为举办讲座及其他文化活动提供了便

① 石焕发，李红. 山西省图书馆“文源讲坛”回顾[C]//国家图书馆文化教育部. 全国公共图书馆讲座工作论文集. 北京：国家图书馆出版社，2010：153-157.

利条件，满足了不同讲座在规模、内容、形式上的不同需求。除了报告厅之外，有些图书馆还颇具创意地将与展览配套的讲座安排在展厅举办，将表演艺术赏析讲座安排在剧院举办，大大强化了讲座效果。

图书馆讲座在发展的过程中始终秉持开放包容的态度，从未将自己封闭在馆区之内，而是既在图书馆报告厅这个主阵地办好讲座，又积极开拓创新，走出图书馆，走进学校、企业、机关、社区、军营、监狱，甚至跨省市举办巡讲。讲座空间的突破和延伸更好地发挥了图书馆的社会教育职能。黑龙江省图书馆“龙江讲坛”还率先走出国门，将讲座办到了蒙古等其他国家。可见，讲座时间和地点的选择最终是由讲座的选题策划和目标用户决定的，目的在于实现最佳的讲座效果，满足用户多样化的需求。

☞ **小贴士：**

相比于在馆内报告厅举办讲座，选择在馆外举办讲座需要馆员花费更多的精力和时间，应综合考虑场地与讲座内容、形式的匹配，场地所能容纳的人数，现场音响、灯光、投影等配套设施，前往场地的交通线路等多种相关因素和具体细节，从而确保讲座的最佳效果和现场的可控性。

第五节　怎样宣传

宣传是图书馆讲座策划组织的重要组成部分，其目的在于使用户获悉讲座信息，从而了解和利用图书馆讲座服务，同时为图书馆讲座服务发展营造良好环境。图书馆讲座离不开宣传，正如有人说“酒香也怕巷子深”，虽然图书馆讲座注重以品质取胜，但高品质的讲座更具有宣传价值，更需要大力宣传以实现广泛传播。

讲座的宣传方式可以从不同角度来划分。

一、从宣传的时间点划分

从时间点来划分，讲座宣传可以分为讲座举办前的预告和讲座举办后的报道。当讲座选题、主讲人、时间和地点确定以后，首要任务就是宣传，这里的宣传所指的就是讲座预告，目的在于吸引目标用户参加，因此预告偏重于描述讲座的基本信息和参与方式，包括时间、地点、主题、主讲人简介、是否需要预约以及预约方式等，有时还需要提供讲座的内容提要和延伸阅读书目。而当讲座成功举办之后，首要任务也是宣传，这里的宣传所指的则是后续报道，偏重于讲座的具体内容和产生的效果。

二、从宣传的载体划分

从载体来划分，讲座宣传可以分为海报宣传、媒体宣传等。不同的载体具有不同的宣传特点，会产生不同的宣传效果。第一，图书馆讲座最传统的宣传方式就是在馆区公告栏张贴海报、放置易拉宝、发放宣传页等，这些都属于广义上的海报宣传。这种延续数十年的宣传方式在今天仍然发挥着有效作用，其优势在于直观、生动，符合传统的阅读习惯。随着印刷、设计技术的提高，海报、易拉宝、宣传页也越来越精美，不但可以让人们全面了解讲座信息，而且具有收藏价值。例如，福建省图书馆、山东省图书馆、武汉图书馆、深圳图书馆等多家图书馆定期印制、发放的宣传彩页都非常美观，设计感很强。但海报宣传方式也有其弱点：一是覆盖范围小，只有到馆的人才有机会看到。二是时效性差，特别是讲座由于特殊情况需要紧急变更的时候，公众很难及时获知变更通知。偶有讲座变更的情况，会有个别读者拿着旧的宣传页来听讲座，却发现讲座已经改期或取消，有可能产生不满情绪，造成不必要的矛盾。为避免或减少这种不愉快的事情发生，图书馆可以在纸质宣传资料上做出特别提醒，例如笔者一般会在讲座预告的须知中增加提示：“主办方有权根据实际情况变更或取消讲座，并将提前发布通知，请随时关注网站或拨打电话咨询。”如今，海报宣传也突破了旧有的方式，摆脱了纸质的约束。主办方将海报的电子版发布到网络上，同样图文并茂，令人一目了然。这种方式对于发布者和接受者来说都非常便利，并且可以及时将更新信息传递给用户，用户也可以传播给更多人，产生裂变效果，使宣传效果呈几何级数增长。

第二，讲座的媒体宣传可以分为传统媒体宣传和新媒体宣传。传统媒体主要包括报纸、杂志、广播、电视、网站等。报纸、杂志作为一种平面的宣传载体，有着信息量大、辐射范围广等特点，还具有一定的长效性，便于收集、归档。为此，许多图书馆都与当地有影响力的媒体开展了合作，借助媒体的力量进行宣传，例如安徽省图书馆与《新安晚报》的合作，山东省图书馆与《齐鲁晚报》的合作，厦门图书馆与《厦门日报》《厦门晚报》的合作，泰州市图书馆与《泰州晚报》的合作等，以此吸引了更多的用户参与讲座，并加强了社会公众对图书馆讲座的认识与了解。广播、电视曾是普及率最高、用户群最大的媒体形式，但这类媒体资源有限，通常只对具有较大影响力的讲座感兴趣。除此之外，图书馆讲座还可以通过本馆门户网站和其他网站进行宣传。大部分图书馆的门户网站都有专门的讲座宣传页面，这是讲座宣传最便捷最准确的阵地，优势在于方便掌控，可以实时更新。如果发生临时增加或变更讲座的情况，可以及时做出更改，方便公众查询。还有些图书馆在网站上设立了讲座回顾或在线讲座页面，方便用户观看往期讲座视频，这也对讲座起到了很好的宣传作用。但是馆网宣传的缺点是浏览量受制于网站自身的点击率，用户主要限于在图书馆网站上检索书目的人群，因此一些图书馆也努力借助其他网站扩大讲座宣传的覆盖面。

现在人们所说的新媒体往往特指自媒体，即一种以去中心化观念为代表的媒体和传播形式。人们常用的微博、微信、头条、抖音等就是新媒体的成功案例和典型代表。新媒体的优势首先在于它是无边界的，在传播的时间、空间、成本、篇幅等方面都摆脱了传统媒体的束缚，宣传力度远超其他媒体。其次，新媒体在很大程度上打破了传统媒体对宣传资源的垄断，每一个账号主体都可以在合法合规的前提下成为信息的生产者和传播者。目前，许多图书馆都拥有自己的微博和微信公众号，为包括讲座在内的各项服务找到了主动的宣传方式和便利的宣传渠道。2016年抖音短视频软件上线，用户迅猛增加，国家图书馆及首都图书馆、上海图书馆等紧跟新媒体发展形势，较早开通了抖音账号，在正在到来的5G时代以视频传播的方式大力宣传讲座等文化服务项目。

当然，图书馆讲座宣传不会仅限于某一种方式，而是多种方式的综合运用。例如，九江市图书馆“寻庐讲坛”就非常擅长多种宣传方式的综合运用，先后与十几家网络、报纸、电台、电视台等媒体签订合作协议，免费为讲坛发布预告和报道，在图书馆大门口张贴讲座海报，利用自办的《寻庐文化报》《读书报》及“寻庐人文网”等报刊、网站进行宣传，讲座结束后媒体、网络、电视台、报刊还会对讲座情况进行跟踪报道[①]。

图2-1 “三联中读”推出的“我们为什么爱唐朝”线上讲座海报

☞ **小贴士：**

长期以来图书馆讲座预告形成了相对固定的模式，通常由讲座时间、讲座地点、讲座题目、主讲人简介等要素构成，这种单一的形式缺乏吸引力，无法突出亮点。随着新媒体在图书馆讲座宣传中的广泛应用，一些机构以图片或视频的方式发布讲座预告，具有很强的设计感和观赏性。例如“三联中读”推出的“我们为什么爱唐朝”线上系列讲座，其海报主体元素包括：画面左上方为祥云烘托下的“我们为什么爱唐朝”八个大字；其下方为“全球视野”“长安城”“女性”“书画”“帝王与政治”“乐舞”“佛教”“中日交流”“唐诗”“胡风东渐”十个关键词；画面右侧引人注目的唐代仕女形象出自《簪花仕女图》；画面下方的古代骑马人物形象和沙漠景色象征丝绸之路和唐代对外交往；扫右下角的二维码即可看到12位主讲人的简介、每场讲座的内容提要、目标用户及听讲须知等。这种既美观又实用的海报适应了新媒体传播潮流，具有很好的宣传效果，值得图书馆讲座借鉴。

① 钟剑. 欠发达地区公共图书馆讲座之路在何方[C]//国家图书馆文化教育部. 全国公共图书馆讲座工作论文集. 北京：国家图书馆出版社，2010：248-251.

第六节　怎样主持

在讲座组织过程中，主持人的角色非常重要，是整场活动的掌控者和领航员。但是在很长时期内，图书馆讲座主持人这一角色并未得到足够的重视。在很多人眼中，讲座主持人既不是新闻播音员，也不是综艺节目主持人，充其量只不过做一下“报幕”工作，即在讲座开始的时候介绍一下讲座主题和专家情况，在讲座结束的时候表达赞许和感谢。这种认识降低了讲座主持工作的技术含量，同时也将对主持人业务素养和文化素养的要求降到了最低，导致主持人缺乏学习动力和创新精神，在主持讲座的时候常常游离在讲座内容之外。甚至很多讲座主持人的自我定位也仅是“临时串场”，来去匆匆，应付了事，并没有认识到自己在讲座中的重要性。合格的图书馆讲座主持人应具备较高的综合素养，主要包括以下几个方面。

一、业务素养

图书馆讲座是传播学术文化的媒介，讲座主持人和其他媒体主持人一样需要具备较高的业务能力。在讲座中，主持人同时兼具多种身份，是讲座内容的引导者、讲座进度的调节者、现场气氛的营造者和突发状况的应对者，这要求主持人具有强大的控场能力。控场能力不是某种单一的能力，而是主持人的沟通能力、表达能力、应变能力、应急处置能力等多种能力在讲座组织过程中的综合表现。

首先，掌控讲座开场。开场白是沟通主讲人和听众的第一座桥梁，顺利的开场有利于拉近现场人员之间的距离、引起大家的兴趣、建立彼此间的信任，对于整场讲座的稳步进行具有重要作用。为达到这样的效果，讲座主持人需要在很短的开场时间内利用语言和肢体表达，将现场的聚焦点吸引到讲座主题和主讲人身上。例如，主讲人和主持人就位后往往还有听众刚刚入场或在互相聊天，此时主持人可以先环顾全场、提示大家尽快就座或口播讲座注意事项，以此帮助人们进入听讲状态，为正式开场做出铺垫。在开场白中先要问候主讲人和听众，因为称呼对方可以有效吸引对方的注意力。在介绍讲座系列和本场讲座主题时可以通过一两句话的阐释突出其重要意义，在介绍主讲人时则可以配合视线和肢体语言强调其身份、成果或亮点，以此调动听众对讲座内容的期待。例如，2020年在介绍著名近代史学者、中国社会科学院研究员尚明轩时，可以告知听众“95岁高龄的尚老欣然受邀前来为大家做讲座”；在介绍外交学院周加李研究员的时候，可以指出“周老师是我国第一位外交礼宾礼仪研究方向的博士”等。

其次，掌控讲座进度。由于每位主讲人的时间概念、准备程度、演讲经验、现场状态等各有不同，有时讲座会出现节奏或慢或快的情况。其中以节奏过慢居多，例如时长两个小时的讲座，主讲人开场提到共有五个知识点，可一个小时后还在讲第一点，此时显然需要主持人提示主讲人加快进度，不便直接语言提示的时候主持人可以指一指手表或写纸条递上。讲座节奏过快的情况则相对少见，笔者曾遇到过一次，讲座进行到一个小时的时候主讲人突然结束。这位专家的学术水平非常高，但他误以为有些内容可能众所周知、不需要深入展开，事实上他眼中的常识并非听众广为了解的内容。笔者作为主持人立刻采取提问的方式，引发主讲人就其他知识点展开论述，化解了稍显尴尬的现场气氛。有时主讲人会脱离主题、漫无边际地谈开去，此时也需要主持人进行提示，将讲座内容拉回到主题。提问和交流环节更加需要主持人的把控，因为主讲人回答不同问题所花费的时间不同，在接近讲座结束时间的时候主持人可以预先告知听众还有几个提问机会，这样可以自然而然地营造出收尾的气氛，以免突然结束讲座导致部分没得到提问机会的读者产生不满情绪。

再次，掌控现场气氛。大多数学术性较强的讲座，其现场气氛也较为平稳；也有一些讲座的现场气氛受到讲座内容、主讲人表达和情绪的影响，有时高昂有时低落，有时喜悦有时伤感，但只要控制在适度范围内也可以接受。然而在讲座的全过程中，主持人都需要密切关注和判断是否有气氛失控的风险，一旦出现这种情况就需要及时干预。例如，一位著名老艺术家在“艺术与人生”主题讲座中谈到自己在特殊时期的遭遇时非常伤感以致不能自已，现场听众的情绪也随之非常低落，此时主持人及时转换话题“但您的坚持和努力给大家带来了美的享受，得到大家的高度认可”，并顺势问主讲人“您现在有哪些创作计划，可以和大家分享一下吗”，主讲人和全场听众立刻从低落的气氛中解脱出来，进入了一个乐观积极的状态。

最后，掌控突发情况。在实际工作中，讲座现场常有各种突发情况需要应急处置，这既要求主持人在讲座前充分考虑各种可能性并做好预案，也要求主持人具备很强的应变能力、研判能力、决断能力、组织能力和行动能力，努力在最短的时间内解决问题。笔者曾遇到主讲人突然缺席的棘手状况。主讲人原计划在讲座举办的前一天晚上从杭州赶回北京，结果遭遇特大暴雪，航班取消，滞留机场。直到讲座当天早晨飞机仍无法起飞，主讲人才将情况告知担任主持人的笔者。面对这一从未遇到过的紧急情况，笔者突然想起以前曾举办过类似主题的讲座，临时决定调出光盘播放视频，尽量弥补到馆听众的遗憾。在讲座开场时笔者根据新闻报道着重描述浙江雪灾和军民抗灾情况，以此引出讲座无法按计划举办的事实，并代表主讲人向听众致歉，告知听众讲座变更后的时间安排。由于处置得当、沟通有效，这次突发状况得到了全场听众的谅解，没有任何人表现出不满情绪，大多数听众留在现场观看了讲座视频。报告厅属于人员密集场所，安全问题尤其应受到重视，主持人和其他工作人员不但要熟悉火灾、地震、停电等情况的应急处置办法，还要面对和处理各种矛盾冲突甚至人身威胁、人身伤害等恶性事件。为了将突发事件的危险性降到最低，必须确保报告厅内的听众不超过人数上限。在一场名家讲座中，由于听众过多，主办方采取限流措施，但这又引起众多不能入场的听众的强烈不满，最终主办方承诺将会再举办一次同样的讲座，并现场发放优先入场券，才安抚了众人。

二、文化素养

除业务素养外，图书馆讲座主持人还应具备较高的知识文化素养。讲座主持人的知识文化储备存在着两种基本情况。

一是讲座主题在主持人的专业领域内或者兴趣特长范围内。例如，“国图讲坛”的曹丽萍老师作为古典文学专业的博士策划和主持了大量古代诗词鉴赏讲座，笔者曾学习外交学专业，因此策划和主持了很多国际关系和中国外交方面的讲座。在这种情况下，主持人自然较为驾轻就熟。再如，国家图书馆馆员齐世峰爱好传统文化，在“文津讲坛”主持昆曲、古琴、茶道、香道等讲座时可以与主讲人深入互动；福州大学图书馆馆员李云雀的家乡在产茶区，她在

“嘉锡讲坛”主持茶文化讲座时不但得心应手，而且还可以配合主讲人做茶艺表演，大大提升了讲座的体验性和趣味性。

二是主持人对讲座主题较为陌生。这就需要主持人为了主持某个系列讲座或者某场讲座而专门就讲座主题进行学习研究，虽然是“临时抱佛脚”之举，但可以在一定程度上弥补自己知识上的不足。但更重要的是，主持人应在日常工作中加强学习，广泛涉猎不同领域的知识，特别是本馆讲座较多涉及的知识内容，这样才能够更好地承担讲座主持工作。

此外，讲座主持人可以借助“近水楼台先得月”的优势，在讲座筹备过程中积极向主讲人请教，不断提升自身的水平，逐渐培养深度参与讲座话题、直接与主讲人对话的能力。相反，如果主持人不做任何知识准备就走上主持台，那么必定不利于讲座效果的最大化，而且很可能现场“露怯”，贻笑大方。

三、礼仪素养

主持人主持讲座时，也是在主讲人、公众面前展现个人魅力的时候。人无完人，主持人也不可能在每一场讲座上都不出一点差错，特别是在众目睽睽之下，主持人的不足也很容易被放大，但无论遇到什么情况，主持人都应当保持精神饱满、仪态端庄、谈吐得体、举止文雅的形象。

第一，仪态礼仪要求。主持人在走向主持台时，步伐要自信、有力，表现出胸有成竹、沉稳自信的风度。这就要求步频适中，步幅自然，挺胸抬头，目视前方，振臂自然。在走向主持台的过程中，可向主讲人及读者微笑示意，但不要随意地与熟人打招呼。常规讲座中主持人多采用站立姿势，此时要腰背挺直，头端目正、正视读者，当介绍主讲人时可向主讲人微笑点头示意，如配合手势，幅度需加以控制，不可抬手过高、来回挥舞。开场主持完毕回到座位就座时应注意坐姿端正，腰背挺直，聚精会神倾听主讲人讲话，可能的话还要通过眼神和面部表情与主讲人互动，从而引导讲座进度，不可用手抓头、揉眼、搔脸，也不可表现出心不在焉或者被手机分散注意力。

第二，语言礼仪要求。主持人需要在主持过程中注意文明用语的使用。在开场的时候应首先向主讲人、现场用户及直播用户问候，如果现场有嘉宾、合作伙伴出席，同样应予以问候，例如“早上好”“下午好”“周末好”“大家好”

等。然后，要向以上人员表示欢迎，欢迎主讲人来到图书馆举办讲座、传播知识文化，欢迎用户来到图书馆听讲座，欢迎嘉宾莅临讲座现场。请主讲人开讲、回答问题，或请用户提问互动时要使用“请”。在讲座结束的时候务必向主讲人的辛苦付出和精彩演讲表示感谢，同时也要向来宾、用户以及在互动环节积极发言提问者表达感谢。对于讲座组织不够完善之处，要及时致歉，争取得到大家的理解和支持。最后还要向主讲人和所有参加者道别。主持人需要在主持过程中注意用语言表达尊敬。在介绍主讲人时应讲出姓名、所在单位、职称、职务、学习经历、研究领域、科研成果及获奖情况等，使用户全面了解主讲人，也充分表达对主讲人的尊重。如果讲座有合作单位，主持人还应着重予以说明，并简略介绍合作伙伴的情况及讲座合作的开展情况。总之，要在讲座的全过程中表达出礼敬之意。

四、线上直播素养

随着互联网5G技术实现以及新媒体形式不断推陈出新，线上讲座成为必然趋势。从前一些图书馆将讲座视频编辑制作后上传到网络上而成为“线上讲座”栏目，但5G时代使视频直播和互动更加便捷，因此线上讲座也更多地开始采用直播的方式进行，线上讲座给用户带来的体验与线下讲座更加接近，甚至在某些方面超越线下讲座。

担任图书馆线上直播讲座主持人同样需要具备前述的业务素养、文化素养、礼仪素养等，甚至更要在细节上提高对自己的要求，因为收看视频直播的用户没有讲座现场各种因素干扰，注意力集中在摄像机拍摄的画面上，主持人的优缺点也更受关注。

今天，在线教育行业仍处于疯狂扩张、野蛮生长的状态，教育直播平台纷纷创立、竞争激烈，还存在一些不合规的现象，对此政府曾多次出手治理整顿，因此图书馆在选择在线教育平台作为讲座直播服务商的时候应多做考察。每一个在线教育直播平台都有各自的技术优势和特点，这些技术功能和操作方法有类似之处也有不同之处，主持人应认真、主动向技术人员学习操作方法，以便在讲座过程中更好地协助主讲人。此外，主持人还要在讲座直播时调整好心态。相对于线下讲座而言，线上直播讲座的用户有可能通过弹幕更加直接地表达意见、提出批评，也可能出现有违网络文明的言论，对此主持人需要平和面对，遇到极端情况应及时向平台监管人员申诉，依法依规处理。

图书馆讲座主持人需要根据新的形势全面提高自身素养，做好讲座的组织者、现场的管理者、主讲人的协助者和图书馆形象的塑造者。

☞ **小贴士：**

除讲座部门外，主持工作在图书馆其他部门并不常见，一些馆员特别是“新手”容易在主持讲座时由于过度紧张而导致表现不佳。为此，主持人应有意识地表现出自信，克服紧张情绪。出场前，主持人可以通过深呼吸来稳定情绪。在讲座正式开始前，可以向听众播报一些注意事项，以便提前进入状态。此外，主持人还可以通过塑造端庄、大方、得体的职业形象来增强自信。如图书馆为馆员配发了馆服，主持人应在举办时着馆服；如没有馆服，主持人通常应在讲座时着正装套装，女性也可选择正装套裙。主持人的发型应整洁，女性主持人如留长发则应束起来或盘起来。

第七节　怎样做好讲座服务

从根本上讲，图书馆讲座是图书馆推出的文化服务项目之一，因此在实施过程中要努力提供优质的服务。具体到讲座的各个环节中，服务表现为面对主讲人、用户、嘉宾、媒体等不同对象时的工作标准和要求。

一、服务主讲人

服务主讲人是讲座组织的关键环节。做好对主讲人的服务工作，可以使主讲人的情绪更加积极、饱满，更加主动、热情地配合图书馆，把讲座办得有声有色、精彩纷呈。相反，倘若不能做好面向主讲人的服务工作，就有可能导致讲座过程中出现纰漏，从而影响到讲座效果，甚至导致讲座失败。

第一，要节约主讲人的时间。在快节奏的社会环境中，每一个人的时间都愈发紧张，担任讲座主讲人的专家学者和社会名流也大多如此，因此馆员在讲座的筹备和举办过程中，特别是与主讲人联系、沟通的时候，务必要注意节约主讲人的时间，避免频繁打扰，给对方增加负担。

第二，要热情周到地接待主讲人。馆员在接待主讲人的时候首先要与其提前确定交通方式，主讲人开车来图书馆或有车辆接主讲人到图书馆，负责接待的馆员需要提前向安保、后勤部门申请临时车证或报备车牌号。如果主讲人年事已高、行动不便或存在其他特殊情况，负责接待的馆员应根据接待规定安排车辆接送，并考虑是否需要随车前往。有些主讲人响应绿色出行倡导、乘坐公共交通工具来图书馆，负责接待的馆员要对此表达认可、赞许，并主动协助主讲人提前规划出行线路和时间。无论选择哪种交通方式，负责接待的馆员都应在主讲人入馆时在大门口迎接，讲座相关主管领导可根据实际情况决定是否参加。如果专家没有在约定时间到达，馆员应主动给专家打电话询问。当见到专家时，应主动握手并做自我介绍，然后引导主讲人前往讲座场地。如果主讲人随身携带公文包、书包、笔记本电脑等物品，应主动提供帮助。讲座开始前，可先安排主讲人在贵宾室、休息室或会议室稍事休息，备好茶水。如有介绍图书馆及讲座的报刊、宣传资料，可提供给主讲人，以供其阅读、了解。接待工作重在有始有终，切忌有始无终、虎头蛇尾。在讲座结束之后，负责接待工作的馆员应妥善安排主讲人离馆，并送别主讲人，这不仅体现着个人的素质，也代表了图书馆服务的水平。热情周到的接待是塑造良好的个人形象和单位形象的重要时机，有助于加强图书馆与主讲人之间的联系，为后续的合作打下良好基础。在接待专程自外地前来做讲座的主讲人时，还需安排好食宿和长途交通，既要令主讲人感到热情周到，又要符合相关接待标准。接待工作重在细节，具体可参考笔者参编的《中国公务接待》（朱新海，晨黎主编，中国大百科全书出版社2005年版）一书。

第三，要与主讲人开展充分有效的沟通。主讲人的到馆时间通常约定在讲座开始前30 ~ 60分钟，以留出充足的沟通时间，并避免因堵车等特殊情况影响讲座按时开始。在讲座开始之前，还需要抓紧时间与主讲人办理相关手续，请主讲人签署版权协议、课酬单等相关文件，做好解释说明工作，明确规定双方的权利和义务，避免日后产生纠纷，并向主讲人支付课酬和版权费用。如果课酬和版权费用由财务部门支付到主讲人的银行卡，还需向主讲人询问身份证、银行卡等必要信息，做好留存，以便财务部门及时、顺利予以支付。此外，如果主讲人未提前提供课件而是随身携带，还应在讲座开始前协助主讲人做好调试。讲座开始前，还需要再次提醒主讲人讲座时长、互动安排等情况，以免出现严重超时的情况。如果讲座前后时间充足，并且主讲人提出参观图书馆的要求，应安排专人陪同。如有领导、嘉宾出席讲座，应做好引荐和介绍工作。

在突发状况下，馆员与主讲人的有效沟通显得格外重要，有利于迅速采取应急措施。例如在报告厅投影设备发生故障时，应首先征求主讲人的意见，因为每位主讲人对课件的依赖程度不同，需要采取的应急措施可能大相径庭。在"国图讲坛"的一次投影设备故障中，主讲人中国人民大学金正昆教授立刻表示没有关系，可以不使用课件，并主动帮助主持人向现场听众解释："课件只是语言表达的辅助手段，我的讲座信息量很大，需要大家仔细听讲，课件反而会分散大家的注意力。"在没有采取任何措施的情况下，金正昆教授以渊博的学识和精彩的语言表达赢得了讲座的成功。而在另一次投影设备故障中，主讲人表示没有课件就完全无法继续讲座，于是主持人同时启用两种方案，一边请技术人员维修报告厅的投影设备，一边安排同事协调一间距离报告厅较近、座位数较多的教室并调试好设备。在10分钟内，另一间教室已经准备好，而报告厅投影设备仍没能修复，主持人果断决定更换场地，15分钟内主讲人和听众全部完成转场，过程井然有序，最终讲座比原计划顺延25分钟结束。可见，为了确保讲座顺利进行或在突发状况下采取合理有效的应对措施，馆员必须积极主动做好与主讲人的沟通工作。

二、服务用户

王世伟曾讲道："听众服务是图书馆讲座存在的理由，全心全意为听众提供便捷的服务是图书馆讲座的出发点和灵魂，听众的满意度是评估讲座成功与否的最重要的标准。听众服务应当融入图书馆讲座业务的各个环节和各个细节。"① 以用户为中心，就是以用户需求为导向来做好服务，这同样适用于图书馆讲座。如果没有对用户的服务，忽视对用户的服务，那么图书馆讲座也就失去了存在的意义。

用户服务工作贯穿在图书馆讲座的全过程之中，从讲座策划之时起，用户服务工作就已经开始了，因为从那时起就必须要将用户的文化需求作为决定性

① 王世伟．图书馆讲座工作引论[J]．图书馆学研究，2005(10)：84-86.

因素来考虑。在讲座举办现场则需要遵循以下几方面原则来做好用户服务工作。

第一，便利性。在讲座时间的安排上，大多数图书馆都会最大限度地方便用户，尽量将讲座安排在周末或者目标用户较为方便的其他时间，并且随着长期举办形成一定的规律性，以便用户养成学习习惯。在报告厅的开放时间、入场方式、宣传渠道以及现场组织等各方面，也应给予用户高效、便捷的服务。在阮冈纳赞提出的“图书馆学五定律”中，第四条就是“节约读者时间”，在讲座的各个环节给予用户便利、节约用户时间，自然也是应有之义。

第二，安全性。讲座属于人员聚集性活动，确保用户安全是首要问题。通过建设新馆和改造旧馆，一些图书馆拥有更大的讲座场地，可以容纳更多的用户，安全压力也随之增大。对于讲座的安全问题，图书馆界普遍高度重视，安保力量、安全设施设备的投入很大，重点防范意外事故的发生，同时确保讲座现场秩序井然。

第三，规范性。图书馆讲座服务要实现便利性和安全性，首先必须制定工作规范，严格按照规范提供服务。由于各自的性格特点，每位馆员在用户服务工作中都会体现出自己的风格，但馆员们所遵循的工作规范应该是一致的，而不是各持一套说辞，甚至相互矛盾。当用户提出咨询时，馆员应给予一致的解答，例如，面对毛遂自荐想要担任主讲人的用户，馆员就应该在阐述主讲人遴选标准时口径一致。再如，对于用户提出拷贝讲座课件的要求，要慎重考虑知识产权问题，并将其纳入规范当中，以免部分用户得到满足而其他用户得不到满足。此外，在各项服务工作中，都要避免对不同用户厚此薄彼，要注意按照规范提供标准服务。如果标准不统一，就会令对方产生误解甚至质疑，使馆员的工作陷入困境。为此，许多图书馆在经验积累的基础上相互交流、借鉴，制定了讲座策划规范、讲座服务规范、讲座安全规范以及意见处理规范。这些规范的出台有利于每一位用户的服务需求得到充分和公平的满足。同时，还要根据用户的反馈和意见不断地对规范进行修正、完善，对出现的问题不回避、不忽视、不隐瞒，从而提高用户的满意度。

三、服务媒体和嘉宾

当图书馆讲座的社会影响力还不够大的时候，常常邀请媒体对重要的讲座予以报道，加强宣传；而随着图书馆讲座的影响力日益扩大，媒体往往转而主动上门报道。由此可见，媒体始终是图书馆讲座的重要合作者。因此，媒体也是讲座服务的重要对象之一。这就要求馆员提前确定可以提供给媒体的宣传资料，还要确定谁可以代表图书馆接受可能的采访。国家图书馆的媒体接待工作统一由办公室宣传科负责。如果媒体在讲座前预约采访事宜，可以直接联系宣传科，如果未经预约直接在讲座现场提出采访，则需根据规范处理或者立即请示上级。有些媒体单纯想要采访主讲人，其报道与图书馆并无太多关联，这就需要馆员在不影响讲座正常举办的前提下征求主讲人的意见，主讲人同意方可向媒体提供方便。

有些讲座的参与者不仅有用户，还有馆领导、合作伙伴、陪同主讲人的家属友人或其他来宾。这种情况下，也都需要根据规范提供停车、座位、名签、饮用水等服务，安排专人做好迎送工作。如有来宾担任主持人、致辞人、发言人、点评人，则需提前沟通，确定时间、内容、方式等，保证讲座各环节顺利、流畅，避免过于随意。

☞小贴士：

讲座现场服务工作重在细节，馆员应在讲座举办的过程中时刻关注用户、主讲人及其他参加者的需求，并及时给予满足，绝不能忽视这些需求甚至对其视而不见、刻意回避。例如，讲座现场往往人员密集，应配备急救箱以备不时之需，应在台阶、安全出口等地方粘贴提示贴，应避免在出入口摆放易拉宝、张贴海报。对于用户提出的意见和问题，馆员应及时解决、如实记录，不能现场解决的问题应在讲座后改进并答复。

第八节　怎样打造品牌

随着图书馆讲座的发展和积淀，各馆逐渐打造出一批知名讲座品牌。这些讲座品牌在传播知识文化、揭示馆藏文献资源、宣传地方历史文化等方面发挥了重要作用。例如国家图书馆的“文津讲坛”“部级领导干部历史文化讲座”“国图讲坛”，上海图书馆的“上图讲座”，首都图书馆的“首图讲坛”，福建省图书馆的“闽图大学堂”，山西省图书馆的“文源讲坛”，山东省图书馆的“大众讲坛”，广西壮族自治区图书馆的“八桂讲坛”，桂林图书馆的“桂海讲坛”，广东省立中山图书馆的“广东学术论坛”，浙江图书馆的“文澜讲坛”，辽宁省图书馆的“辽图讲坛”，黑龙江省图书馆的“龙江讲坛”，四川省图书馆的“巴蜀讲坛”，湖南图书馆的“湘图讲坛”，湖北省图书馆的“荆楚讲坛”，武汉图书馆的“名家论坛”，大连图书馆的“白云书院讲座”，苏州图书馆的“苏州大讲坛”，苏州独墅湖图书馆的“湖畔论坛”等。打造讲座品牌是一项系统工程，需要多种要素共同作用。这些要素包括响亮且具文化气息的名称、醒目且具文化内涵的标志、准确且具特色的定位、丰富多彩且具学术文化高度的内容、广泛且具针对性的宣传推广等。这些要素都是在实践过程中逐渐形成，并被用户认可、赢得社会公认的，绝不是闭门造车、拍脑袋空想出来的。

美国营销学会对品牌的定义是：“品牌是一种名称、术语、标记、符号和设计，或是它们的组合运用，其目的是借以辨认某个销售者或某销售者的产品或服务，并使之同竞争对手的产品和服务区分开来。”①品牌不仅仅局限于经济范畴，而是渗透到政治、经济、文化、艺术等社会的各个领域。今天，许多产品、服务、个人、机构、城市乃至国家都拥有自己的品牌。图书馆讲座品牌就是图书馆这一公共文化服务机构的文化品牌之一。

所谓图书馆讲座品牌，是指用户对于图书馆讲座的名称、标识、选题、内容、主讲人、服务质量、管理水平、衍生产品等各种要素的总体印象和评价，即图书馆讲座在发展过程中形成的知名度和美誉度。

一、品牌名称

名称是讲座品牌的一部分，也是讲座品牌建设的第一个要素。在为讲座品牌命名时，应结合本馆或本地特色，使品牌名称高度概括、便于记忆、易于传播。目前图书馆的讲座品牌名称大致可以概括为五种类型。

（1）“历史文化名词+讲坛、讲堂、论坛或讲座”。例如，国家图书馆的“文津讲坛”的名称就是取自古代藏书楼文津阁及国家图书馆所藏文津阁《四库全书》，今天“文津”也代表着“文化津梁”之意，它是国家图书馆的传统象征，更显示了国家图书馆愿意成为沟通文化的桥梁。此外，浙江图书馆的

① 易中华. 品牌标识创意与设计[M]. 长沙：中南大学出版社，2014：2.

“文澜讲坛”得名于位于杭州西湖孤山南麓的藏书楼文澜阁；山西省图书馆的“文源讲坛”与该馆旧址文源巷有关，而文源巷的名字则来源于藏书楼文源阁；宁波市图书馆的“天一讲堂”源于藏书楼天一阁。这样的命名不但有着深厚的文化底蕴，而且可以引起用户对历史文化传统追本溯源的兴趣以及美好的联想，同时也便于记忆、传播。

（2）“地域特色名词+讲坛、讲堂、论坛或讲座”。例如福建省图书馆的“闽图大学堂”“东南周末讲坛”，广西壮族自治区图书馆的“八桂讲坛”，桂林图书馆的“桂海讲坛”，黑龙江省图书馆的“龙江讲坛”，四川省图书馆的“巴蜀讲坛”，等等。地方文化是图书馆的宝贵财富，以品牌弘扬地方文化是图书馆讲座的应有之义。

（3）“馆名+讲坛、讲堂、论坛或讲座”。目前许多图书馆都采取这种形式，例如国家图书馆的“国图讲坛”、首都图书馆的“首图讲坛”、上海图书馆的“上图讲座”、辽宁省图书馆的“辽图讲坛”、陕西图书馆的“陕图讲座”、湖南图书馆的“湘图讲座”、广东省立中山图书馆的“广东学术论坛”、内蒙古图书馆的“内图公益讲座”、金陵图书馆的“金图讲座”、苏州图书馆的“苏州大讲坛”等，这样的名称非常简洁明了，令人过目不忘，同时可以直接凸显、宣传图书馆。

（4）“用户群体+讲坛、讲堂、论坛或讲座”。例如国家图书馆的“部级领导干部历史文化讲座”、山东省图书馆的“大众讲坛”等。有时在这一组合前再加历史文化名词、地域特色名词或馆名，例如国家图书馆的“文津少儿讲坛”。以用户群体命名讲座品牌的方式传达出用户至上、服务第一的理念。

（5）“主讲人群体+讲坛、讲堂、论坛或讲座”。例如武汉图书馆的“名家论坛”等，这与中央电视台“百家讲坛”类似，以主讲人凸显讲座的质量和水平，加强宣传，吸引用户参与。

二、品牌标识

品牌标识是指品牌中可以通过视觉辨别、易于记忆，能用语言描述，但不能用语言直接称呼的部分，如品牌的符号、图像、图案、字体、色彩等①。

① 易中华. 品牌标识创意与设计[M]. 长沙：中南大学出版社，2014：5.

图书馆大多拥有自己的标识，一些图书馆讲座也设计了专用标识，用于品牌打造、识别和推广。

国家图书馆“文津讲坛”的标识是老馆长任继愈先生题写的“文津讲坛”四字，任继愈先生的题字清秀隽永，辨识度非常高，而整个标识的设计简单明了。

图2-2 “文津讲坛”标识

广州图书馆“羊城学堂”的标识左侧是一个具有中国文化特色的印章，印章上方是羊头，下方是“羊城”二字的篆书体，为暗红色。右侧上方是“羊城学堂”四个大字，下方是讲座的口号“阅读改变人生”，均为黑色。“阅读改变人生”的口号给人以钟情阅读的鼓励和催人奋进的力量①。

图2-3 “羊城学堂”标识

“上图讲座”的标识由汉字“上图讲座”、变形英文字母“SLL”及蓝色球形组成。“上图讲座”英文表述为“Shanghai Library Lecture”，因此缩写为“SLL”，其中两个“L”呈现话筒状，体现讲座形式的特性；蓝色球形也代表两个“L”，右面的“L”以发散的光波形状来象征讲座的知识传播功能，左边

① 刘双喜.从广图讲座的实践谈公共图书馆讲座品牌的打造[J].重庆图情研究，2007(4):12-14.

的“L”则象征传播范围遍及全国乃至全球，左边图案又象征逗号，喻示“上图讲座”的发展脚步永不止歇[①]。

图2–4 “上图讲座”标识

三、品牌理念

品牌理念是用于传递品牌价值、宗旨或原则的简单凝练的短语，它可以瞬间抓住用户的注意力、加强用户对品牌的认知。例如，国家图书馆“文津讲坛”的宗旨是继承“保国粹而惠士林”的文化传统与人文精神，旨在服务社会、服务大众、弘扬中华民族优秀文化传统，增强民族凝聚力。其中“保国粹而惠士林”可以视为其品牌理念。国家图书馆“文津读书沙龙”的品牌理念则定为“为作者与读者、读者与读者之间提供平等自由交流的平台”，清晰简洁地阐明了讲座品牌的性质、功能和组织形式。“上图讲座”以“城市教室、市民课堂”为核心理念，准确定位为服务城市发展、服务市民学习，彰显了其为市民构建公益性学习空间的努力，而这句话也被许多省市公共图书馆所认可，借鉴为本馆讲座的宣传语。南京图书馆“南图讲座”的品牌理念为“弘扬人文精神，发展公共文化，丰富市民生活，提升城市品位”。浙江图书馆“文澜讲坛”的宗旨是“启迪心智、提升自我”，原则是“公益　亲民　开放”，这两句都可以视为其品牌理念。

四、品牌价值

图书馆打造讲座品牌，最终要立足于品牌的价值，只有具有价值的讲座品牌，才能够被用户和社会所接受、认可。

讲座品牌的形成不是一蹴而就的，而是渐进的，大致可以分为品牌建立、品牌推广、品牌巩固三个阶段。在品牌建立阶段，需要通过确定名称、标识、

① 邱冠华，金德政. 图书馆阅读推广基础工作[M]. 北京：朝华出版社，2015：101.

口号等要素来为讲座品牌定位，建立讲座品牌的辨识度。在品牌推广阶段，需要通过讲座内容的质量、主讲人的水平和讲座宣传的力度引发用户的兴趣、激发用户参与讲座的愿望，并在一定程度上获得参与者认可。在品牌巩固阶段，需要通过讲座质量的不断积累、讲座效果的持续释放、衍生产品的陆续开发等扩大品牌影响力，增强用户对讲座的黏性和忠诚度。

我国图书馆数量庞大，讲座业务普遍开展，每家图书馆也需尽可能打造本馆讲座的独特价值，例如专注于不同的特长领域、目标用户，形成自己的服务风格，以及基于地方文化特色助力区域发展。当前大众的文化生活丰富多彩，这得益于社会文化活动的多样化与快速迭代，为人们提供了选择的空间。图书馆讲座若要在众多的文化活动中保持对用户的吸引力，就需要在确保公信力的同时跟上时代的发展，特别是要紧跟网络、大数据与新媒体技术的发展，把握社会前进的方向和用户的实际需求。

☞小贴士：

讲座品牌的打造是一个不断积累的过程。一些图书馆讲座的名称、标识、理念等品牌要素确定后却基本处于闲置状态，只有馆员自己了解而不被他人熟知，导致品牌失去了实际意义。馆员要有意识地持续输出、传播讲座品牌，将讲座名称、标识、理念等品牌要素充分运用在讲座背景板、海报、宣传彩页、网站、媒体报道、主持词等各种可能的载体上，使讲座品牌在用户和社会公众头脑中产生累积效应，扩大讲座品牌的影响力和美誉度。

第九节　合作对象有哪些

图书馆是一个有着广泛社会触角的文化机构，不但可以独立策划举办讲座，也应广泛开展合作，与其他有能力、有公信力、有共识的机构联合举办讲座，大力发挥“外脑”的作用，丰富选题资源，扩充主讲人资源，拓宽目标用户资源，让图书馆讲座在时间和空间上拥有更多选择。这些举措都有助于促进讲座品牌的打造。目前许多图书馆讲座都以开放的态度开展广泛的社会合作，合作对象主要来自五个方面。

一、高校、科研机构、学术团体

高校、科研机构、学术团体等单位聚集了大量优质的专家资源，并且乐于面向社会公众开展知识文化普及工作，是图书馆理想的讲座合作伙伴。例如，国家图书馆的“中国典籍与文化系列讲座”是与《中国典籍与文化》编辑部联合举办的；“百年辛亥专题研究系列讲座”的合作方包括中国社会科学院、北京大学、中国人民大学、北京师范大学等诸多高校和科研单位；福建省图书馆的“东南周末讲坛”、吉林省图书馆的“吉林社科讲坛”、沈阳市图书馆的“辽海·沈阳讲坛”都是与所在省市社会科学界联合会合作举办的；广州图书馆“雅村文化空间”讲座由该馆与广东省文化学会合作举办；江西省图书馆的“社科大讲堂”由该馆与江西省社科联有关部门联合创办，“未名论坛”则由该馆与北京大学江西校友会联合举办。

二、政府机关

随着服务型政府的构建，一些政府机关的服务意识逐渐增强，利用图书馆讲座这一平台提供服务、宣传服务成为一种重要选择。与政府机关合作举办的讲座通常选题较为确定，在专家、经费、宣传等方面能够得到保障。例如，国家图书馆“国图讲坛”的“大数据研究系列讲座”“统计知识系列讲座”是与北京市统计局、国家统计局北京调查总队联合举办的，对于帮助公众了解大数据前沿知识、理解政府发布的统计数据起到了很好的作用。上海图书馆分别与上海市人大常委会培训工作委员会、上海市金融服务办公室、上海世博会事务协调局等共同主办“市民与法——解读上海地方性法规”“让金融走进民众”“上海世博会讲坛”等系列讲座，协助政府做好了宣传推广工作，引起了很好的社会反响。

三、媒体

与媒体合作的最大优势在于可以借助其强大的宣传力量吸引目标用户参与，放大讲座的效果。另外，部分媒体还可以提供专家资源和经费支持。图书馆讲座与报纸媒体合作的成功案例较为多见，例如山东省图书馆与《齐鲁晚报》联合创办的“大众讲坛”，自2006年3月开讲，每半月举办一期，双方达成协议，由山东省图书馆出人、出资、出场地设备，《齐鲁晚报》出版面宣传，共同打造高品位的讲座品牌。该系列讲座已形成名家讲座、齐鲁文化讲座、儒家文化讲座、社会热点讲座、学人系列讲座、家长课堂、校长论坛等多个专题，不但吸引了济南的市民参加，而且常有青岛、淄博、泰安等其他城市的市民慕名而来，这在一定程度上得益于媒体的宣传效果。厦门图书馆讲座则利用《厦门日报》《厦门晚报》等主流媒体，以及政府、学校、民间的网站，甚至信息化人行信号灯、公交移动电视等媒介向公众及时发布讲座信息，扩大讲座宣传。国家图书馆的“国图讲坛”则与《新民晚报》《广州日报》合作，将讲座办到了上海、广州等地，大大拓展了讲座的覆盖面和影响力。此外，随着近些年网络媒体、新媒体的发展，一些图书馆积极与它们开展讲座合作，取得了很好的宣传效果。

四、出版机构

图书馆与出版机构的交集在于出版物，特别是图书。从书籍出发策划讲座更加契合图书馆自身的性质，因此与优秀的出版机构开展讲座合作是图书馆传播知识、推广阅读的上佳选择。许多图书馆都与出版机构开展了长期合作，例如基于东方出版社出版的《外交官亲历丛书》，国家图书馆“国图讲坛”与该社开展了长达四年之久的合作，共同策划推出了“外交官亲历系列讲座”，举办了50余期。另外，“国图讲坛”与商务印书馆、生活·读书·新知三联书店、中华书局等大型出版社都保持着合作关系，既丰富了讲座内容，又推荐了优秀图书，可谓一举两得，符合图书馆的职能和定位。

五、其他图书馆

相对而言，图书馆间开展馆际合作，联手打造讲座品牌，更具便利性，较容易达成一致、建立信任并顺利推进。在合作领域方面，涵盖选题资源、主讲人资源、宣传推广、衍生产品共享与开发、网络直播、经验分享、业务培训学习等各方面，其中巡讲是最受欢迎也最常采用的合作方式。例如，长三角地区图书馆之间馆际讲座合作已经形成了非常成熟的模式，上海图书馆策划组织的阎崇年、易中天等专家学者巡讲推动了长三角地区图书馆讲座的发展。2010

年，国家图书馆牵头组建全国公共图书馆讲座联盟，在全国范围内建立馆际讲座合作机制。而浙江图书馆、山东省图书馆、山西省图书馆等省级图书馆则牵头建立了本省范围内的公共图书讲座联盟，使得全国公共图书馆讲座合作的层级体系更加完善。国家图书馆还不断探索新的馆际合作模式，与福建省图书馆、辽宁省图书馆、包头市图书馆、佛山市图书馆等单位建立了讲座委托策划机制，协助地方图书馆策划优质讲座。

☞小贴士：

通过合作发挥“外脑”的作用，图书馆讲座可以收到事半功倍的效果。但同时图书馆讲座也需要注意保持自己的独立性，避免由于过度依赖合作伙伴而削弱甚至丧失自身的策划组织能力。例如，一些图书馆在讲座合作中只作为场地提供方，对于选题策划毫无发言权，这并非健康良性的合作方式，不利于图书馆讲座的长远发展。图书馆既要尊重合作方的合理诉求，又要凭借自身的资源和能力在合作中发挥应有的作用。必要时，合作双方应签订协议，确保各方在合作中的权益，加强约束，避免矛盾。

第十节　怎样评估讲座服务

随着图书馆讲座工作的普遍发展，服务效果的评估日益受到重视。通过科学评估，馆员可以了解讲座预期目标的实现程度，获知改进、提升服务的依据和方法，从而促进图书馆讲座的可持续发展。

一、关于讲座评估

讲座评估可以通过不同角度进行分类，例如根据评估指标可以分为定性评估与定量评估，根据评估主体可以分为自我评估与他人评估，而他人评估又可以分为专业评估和社会评估，亦可称为专家评估和大众评估。自我评估固然重要，但其主观性相对较强，因此图书馆格外重视专业评估和社会评估。专业评估通常由上级主管单位组织专家开展评估工作，就图书馆讲座服务政策的制定与实施、经费投入与使用、设施建设与设备配套、工作人员数量与素质、讲座场次与接待人数、服务创新与社会效益等指标进行考察。社会评估则由馆员以问卷调查、对话、座谈等方式实现。专业评估与社会评估相互影响、相互作用，前者以其明确的标准和严格的要求推动图书馆讲座服务的开展，特别是《中华人民共和国公共图书馆法》的实施为专业评估提供了法律依据，例如第33条将讲座纳入公共图书馆应当免费向社会公众提供的服务中，表明公共图书馆提供讲座服务是法律所要求的，不是可有可无的。同时，图书馆讲座在社会上的知名度和美誉度也是专家进行评估时考察的要素之一。

除评估指标外，专业评估通常还要为各项指标设置权重，用量值表现各项指标在评估系统中的重要程度。总体而言，权重可以采取两种方式设置；一是自重权数，即直接以权数作为指标的分值，例如在所有指标总分为100分的情况下，如果分配给讲座服务水平50分、分配给讲座硬件设施10分，就说明在该评估系统中讲座的服务水平比硬件设施更重要；二是加重权数，即为各项指标的分值设置权数，以分值乘以权数所得出的结果作为评估的依据，例如讲座服务水平和讲座硬件设施两个指标分值的满分皆设为20分，而讲座服务水平的权数设为3、讲座硬件的权数设为1，就说明在该评估系统中讲座的服务水平比硬件设施更重要。这两个例子只是简要说明权重的使用方法，在实际工作中权重的设置绝不可主观臆断，也没有统一标准，必须根据图书馆的具体情况借助科学方法才能确定。不同地区、不同级别的图书馆开展讲座服务的条件和能力存在差异，各图书馆讲座服务的重点和特色也不尽相同，使用同样的权重进行评估是不合适的。权重较为广泛地应用在图书馆讲座的专业评估中，对于开展相关研究、评比具有重要作用。但在社会评估中权重并非必备要素，通过调查问卷等方式馆员就可以在很大程度上获取用户的反馈，从而优化讲座服务。

二、社会评估的开展

社会评估通常由馆员收集，馆员可以通过设置评估内容来获取讲座用户的反馈、意见和建议。问卷调查是社会评估的有效方式之一，福建省图书馆“闽图大学堂”的每场讲座都会进行问卷调查，至今已坚持多年，其动力来源于调查结果不断帮助馆员提升讲座服务水平、获得创新服务的灵感。如今网络和新媒体技术的发展为问卷调查提供了更加便捷的渠道，例如“问卷星”等专业的在线问卷调查、测评、投票平台具有快捷、易用、低成本的优势，讲座用户可以在入场时使用微信“扫一扫”功能参与调查，也可以在讲座“粉丝群”中点击链接参与调查，大大提高了用户的参与度和问卷的回收率。但是对于部分老年用户来说数字鸿沟仍然存在，传统的纸质问卷对于“适老化”等特质化服务具有重要意义。传统服务与智能化服务创新并行，为老年人提供更周全、更贴心、更直接的便利化服务，让老年用户在信息化发展中有更多获得感、幸福感、安全感，也应当成为图书馆讲座评估的重要组成部分。

为鼓励讲座用户积极参与问卷调查，馆员可以准备一些与阅读、图书馆或讲座内容相关的文创产品，例如书签、明信片、笔等。这些文创产品不但实用、美观并且有纪念意义，可以增强用户与图书馆之间的黏性，吸引用户再次到图书馆读书、听讲座、看展览或参加其他活动，逐渐培养大众到访图书馆的生活习惯。

通过问卷调查，馆员可以了解讲座用户的基本信息和兴趣爱好，便于结合讲座内容面向用户推介好书或推介其他活动。例如“国图讲坛”邀请历史地理学家朱祖希举办关于北京中轴线的讲座时，馆员提前在讲座现场摆放了有关北京城建设历史的图书，并在讲座过程中展示了老北京地图。这些延伸服务很好地配合了讲座内容，增强了讲座的效果，吸引了许多听众参加后续举办的“阅读之旅·北京中轴线”活动。

除问卷调查外，馆员随机访谈和举办小组沙龙也是获知社会评价的重要渠道。在讲座开始前后，馆员通过与用户的对话可以直观了解他们的基本信息，直接了解他们的意见、建议和愿望，拉近馆员与用户之间的距离，赢得用户更多的理解与支持。馆员还可以邀请相关代表、热心听众定期（如岁末年初）或不定期举办小组沙龙，与他们深度沟通，获取关于讲座改进的意见。与选项固定的问卷调查和正襟危坐的座谈会相比，随机访谈和小组沙龙的形式更利于被调查者畅所欲言，这需要有责任心的馆员有意识地倾听、记录和反馈，并真正用于讲座服务的改进和提升。

三、问卷调查的评估指标设置

在社会评估的各种方式中，问卷调查比较客观、全面，易于汇总、分析，便于实现调查的预设目标，为了充分发挥问卷调查的这种优势，需要科学地设计问卷内容，将评估指标具体化。

第一，用户基本信息。

用户基本信息主要包括年龄、职业、学习兴趣、参加讲座的动机等，有时也可以包括姓名、联系方式等。但只有在用户同意的情况下才可以搜集其个人信息，在此方面馆员只可鼓励对方，绝不可勉强对方。此外，馆员应对用户个人信息严格保密，严格限定使用范围。

第二，讲座策划。

讲座策划是讲座工作的基础，直接决定着讲座的水平和效果，因此在调查问卷的各项评估指标中，讲座策划备受馆员重视。讲座策划可以从选题和形式两个方面进行评估。

第三，讲座组织。

讲座组织是实现讲座预期目标的关键环节，对于用户参与讲座的观感、体验具有重要影响。讲座组织的评估可以从讲座时间、讲座频率、讲座地点、硬件设施、服务质量等方面入手，力争反映用户的实际感受。

第四，讲座宣传。

讲座宣传直接影响参与人数和社会效益，因此是馆员格外关注的一项指标，对于馆员选择有效的宣传方式具有重要指导作用。讲座宣传可以从用户获知讲座信息的渠道、讲座吸引用户的原因等方面进行考察。

第五，满意度。

满意度是用户对于讲座的综合评价，涉及策划、组织、宣传等各个方面，能够反映出讲座的总体效果以及用户对讲座服务的意见和建议，因此满意度是衡量讲座水平的终极指标。较高的满意度有利于吸引用户持续关注并再次参加图书馆讲座，甚至可以促使用户自发地宣传图书馆讲座。

四、问卷调查应用案例

笔者曾面向“国图讲坛”的用户设计了一份问卷，通过调查较为全面地了解到用户基本信息、讲座策划、讲座组织、讲座宣传、满意度等信息，这份调查问卷的统计分析对讲座服务产生了很好的指导作用，并为讲座服务研究提供了重要依据。虽然这份问卷距今已数年之久，有一定的时代局限性，但在指标设计和分析方法方面仍具有一定的参考价值和借鉴意义。同时，这份问卷还被福建省图书馆等单位所借鉴，长期使用并更新修订，例如在讲座宣传中纳入了官方微博、微信公众号等新媒体渠道，不断适应着时代发展和科技进步的新形势。以下为这份问卷调查的部分统计分析结果。

第一，用户年龄统计。

年龄	17岁以下	18—29岁	30—39岁	40—49岁	50—59岁	60岁以上	全部
比例	5.1%	65.3%	10.2%	4.1%	6.1%	9.2%	100%

从表中数据可以看出：首先，“国图讲坛”的用户以青年人为核心群体，18—29岁的用户比例为65.3%，接近全部用户的2/3，随后为30—39岁的用户，比例为10.2%，以上两个年龄段的用户比例共占75.5%；其次，60岁以上用户比例为9.1%，表明“国图讲坛”对于倡导“终身学习”、丰富老年人文化生活发挥着积极作用。

第二，用户职业统计。

职业	比例
大学生	38.7%
中小学生	3.4%
公务员及事业单位人员	8.4%
公司职员	15.1%
教师	18.5%
其他职业	1.7%
无职业	4.1%
退休人员	10.1%
合计	100%

该表显示：首先，在“国图讲坛”的用户中大学生所占比例最高，随后是教师和公司职员；其次，在职人员（含公务员及事业单位人员、公司职员、教师及其他职业人员）所占比重较大，达到43.7%，和大学生共同构成了“国图讲坛”用户的主体部分；再次，学生和教师所占比重说明“国图讲坛”所具有的社会教育功能在一定程度上对学校教育起到补充作用。

第三，用户对于讲座选题的倾向。

在调查问卷中，关于讲座选题共设置了7个选项，即文史哲、艺术、自然科学、时政热点、教育、金融经管和医药卫生。每位用户可以选择多个项目。统计显示，“国图讲坛”用户对文史哲方面讲座的需求最高，有87.4%的用户选择了该项。而此类讲座正是“国图讲坛”的强项，在全部讲座中所占比例最高，说明“国图讲坛”的选题策划与用户的需求较为相符。艺术类讲座的比重紧随其后，56.3%的用户对雅俗共赏的艺术类讲座感兴趣。自然科学类、时政热点类、教育类、金融经管类和医药卫生类的讲座分别有36.1%、35.3%、31.1%、27.7%和19.6%的用户选择。

第四，讲座吸引用户的原因。

在关于“国图讲坛”吸引用户的关键因素这一调查中，问卷设置了讲座选题、主讲人知名度、拓宽知识面的意愿等选项，用户可以选择多项。调查结果显示，71.4%的用户是因为讲座的选题和内容而参加讲座的，而主讲人知名度因素仅占16.8%，这反映出用户对讲座的选择较为理性，他们最在意的是讲座内容能否满足自己的知识需求。同时，52.1%的用户表示参加讲座是为了拓宽知识面，这反映出半数以上的用户具有积极主动的学习态度。

第五，用户获取讲座信息的渠道。

信息渠道	使用比例
国家图书馆网站	34.5%
馆区内的公告栏	39.5%
讲座现场发放的预告单	4.2%
所在单位或学校的通知	10.1%
报纸、广播、电视及门户网站	8.4%
朋友通知	11.8%

该表中的数据说明，用户获取国家图书馆讲座信息的渠道以馆区内的公告栏和国家图书馆网站为主，而公告栏这种传统宣传形式所占比重最高。同时，针对特定单位和学校的宣传发挥了一定的补充作用。现在，图书馆官方微博、微信公众号等成为讲座的重要宣传途径，应将它们纳入本项调查之中。

第六，讲座服务中存在的问题。

在讲座服务亟待解决的问题这项调查中，问卷给出的选项有：参加人数过多且空间有限、与其他机构举办的讲座存在时间冲突、宣传力度不够、现场秩序不佳等。结果有51.3%的用户选择了“宣传力度不够”这项，表明讲座宣传不足的问题十分突出、亟待开拓新的有效的宣传渠道。此外，21.8%的用户认为参加讲座的人数过多，而报告厅空间相对有限，无法承受接待压力。另有10.1%和8.4%的用户分别选择了“与其他机构举办的讲座存在时间冲突”和“现场秩序不佳”。

第七，意见和建议。

在意见和建议的调查中，约有41.2%的用户希望将讲座文稿能够结集出版，26.1%的用户希望在讲座后能够举办相关主题的座谈会或讨论会，给予用户发表见解的机会。这表明在图书馆讲座的引导下用户有继续深入学习相关知识的意愿，同时图书馆讲座及其他活动应创新服务方式，注重提升大众的参与度与互动性。

☞小贴士：

问卷调查设置的问题不宜过多，以免使用户失去耐心，从而影响问卷的回收率。在设计问卷调查时应充分考虑用户的心理，不妨将“讲座吸引您参加的原因”“您对讲座的了解程度”等问题放在前面，如果一开始就要求用户填写姓名、联系电话等个人信息，很容易引起用户的警惕甚至反感，并可能因此放弃参与调查。部分图书馆要求讲座用户刷读者卡入场，这为收集用户基本信息提供了便利，有助于馆员就用户的年龄、性别、职业等方面开展统计和分析。此外，馆员务必对用户信息严格保密，并做好问卷的存档工作。

第三章　图书馆讲座经典案例

第一节　坚守学术高地的“国图讲座”

在罗振玉、张之洞、缪荃孙等人的推动下，1909年（宣统元年）京师图书馆（国家图书馆前身）创立，1912年开馆接待读者。根据史料记载，国家图书馆举办讲座可追溯至1952年。近70年来国家图书馆始终坚持举办讲座，强调学术性与普及性相结合，不但满足了广大公众的文化需求，为公众提供了接受社会教育的均等机会，而且引领着全国图书馆讲座的发展。概而言之，国家图书馆讲座的发展历程可以分为四个阶段。

第一阶段：1952—1965年

在国家图书馆[①]1952年的工作总结中，有“演讲会和报告会举行次数较少”[②]的记载，虽然“较少”，但证明当时已经有这样的活动存在。另有资料记录，“演讲会是1952年末开始的”[③]。而在李希泌、王树伟的书中则有“北京图书馆的演讲会是从1953年开始举办的”[④]，与前述记载略有出入。据此，目前国家图书馆讲座最早可追溯至1952年。讲座的地点在现在的文津街国家图书馆古籍馆，由群众工作组具体负责策划组织，并很快成为国家图书馆最受群众欢迎的活动。

---

① 国家图书馆在不同时期曾使用不同的馆名，为行文方便，除引文和图片名称外，本章统称为“国家图书馆”。

② 北京图书馆馆史资料汇编编辑委员会．北京图书馆馆史资料汇编（二）[M]．北京：北京图书馆出版社，1997：634.

③ 北京图书馆一九五三年工作概况[Z]．北京：北京图书馆，1954：14-17.

④ 李希泌，王树伟．北京图书馆[M]．北京：北京图书馆出版社，1957：7.

图3–1 1953年10月18日郭沫若在北京图书馆举办讲座

那时讲座实行提前领券、免费入场的方式，经常出现排长队领票的景象。“每次会前领听讲券都非常拥挤，平均每次要求参加者都在3000人以上，除北京市内读者外，还常有郊外和长辛店、石景山、丰台以及天津、保定等地的文艺爱好者赶来参加。”①听讲人数由最初的400余人逐步增长，1953年参加人数最多的一场达到1700余人②。新中国成立后，国家图书馆向广大群众敞开了大门。那个年代的人们渴求知识，但专家学者在公共场合公开授课的平台较少，讲座的火爆程度正是这种供需矛盾的直接体现。

这一时期国家图书馆讲座选题内容涉及政治、经济、历史、文学、艺术和自然科学等诸多领域，古今中外，无所不包，各学科领域的前沿思想和学术观点在此碰撞、争鸣、激发。作家老舍、郭沫若、田汉、丁玲、萧三、吴组缃，诗人艾青、何其芳，翻译家曹靖华、张铁弦等名家受邀开讲，并间或有外国专家主讲，精彩讲座给读者留下了深刻的记忆，并确立了很高的讲座策划水准。仅以1953—1955年为例，就有中国科学院院长郭沫若主讲的“伟大的爱国诗人屈原”，老舍主讲的“谈文学的语言”，苏联专家库拉柯娃主讲的“普希金”，曹靖华教授主讲的“学习苏联文学”，爱尔兰作家诺克斯·罗宾逊主讲的“萧伯纳作品”，中国科学院原子能研究所王淦昌主讲的“原子能和它的应用”，中共中央马克思恩格斯列宁斯大林著作编译局副局长陈昌浩主讲的“认真学习马克思主义”，艾思奇教授主讲的“斯大林的思想和事业”等。此外，这一时期还举办了关于杜甫、白居易、《红楼梦》、《三国演义》、《儒林外史》、《保卫延安》、易卜生、希克梅特、鲁迅、诗歌创作等文学主题的讲座，关于音乐创作、德沃夏克等艺术主题的讲座，关于

① 北京图书馆一九五三年工作概况[Z]. 北京:北京图书馆,1954:14–17.

② 北京图书馆一九五三年工作概况[Z]. 北京:北京图书馆,1954:7–8.

地动仪、黄河改造、巴甫洛夫、李时珍等科学主题的讲座等。这三年间共举办讲座80余场，年均近30场。

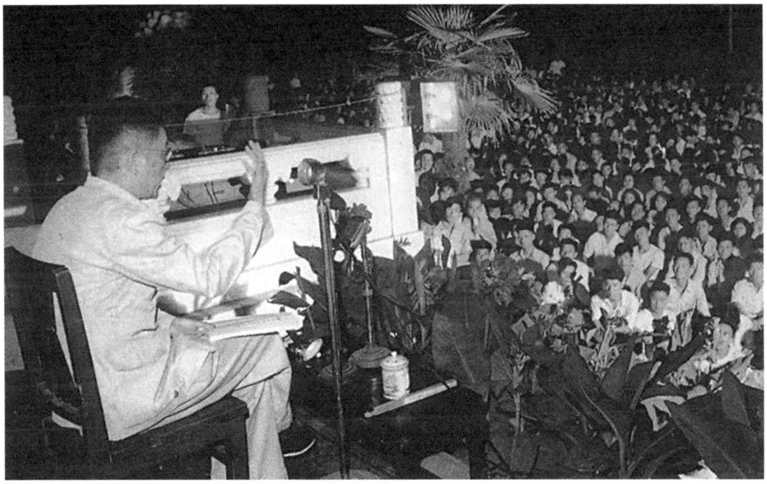

图3–2 1955年8月20日老舍在北京图书馆举办讲座

那时国家图书馆讲座就已注重与相关单位开展合作，例如与北京中苏友好馆联合举办的“俄罗斯文学讲座”和“苏联文学讲座”，与首都图书馆等单位联合举办的“雷锋生前事迹”“古巴诗歌”“《红楼梦》研究”专题讲座等。同时，这一阶段的讲座非常重视讲座的时效性。例如结合历史文化名人的相关纪念日举办讲座，1954年为纪念我国古典文学名著《儒林外史》作者吴敬梓逝世200周年，国家图书馆与中国作家协会联合邀请吴组缃主讲“《儒林外史》的思想和艺术”；1954年又与中国作家协会联合举办纪念鲁迅逝世18周年演讲会，邀请北京大学文学研究所研究员陈涌主讲“关于鲁迅文学遗产的一些问题”；1956年为纪念世界文化名人萧伯纳诞辰100周年、易卜生逝世50周年举办演讲会；1962年举办纪念杜甫诞辰1250周年讲演会；1963年为纪念曹雪芹逝世200周年邀请吴组缃主讲“读《红楼梦》的体会”等。

为了使讲座取得更好的效果，工作人员还配合讲座采取了多种举措，例如有针对性地印发讲座提纲、参考书目及其他与讲座主题相关的辅助材料，配合讲座内容举办诗歌朗诵会、文艺演出、图书推荐、图书和图片展览、幻灯片和电影放映等文化活动，使讲座达到更好的效果。按照读者的要求，每次讲座后还编辑小册子以供大家参考，甚至远在朝鲜战场的志愿军以及西康、云南、四川、新疆等地的读者也纷纷写信索要。《人民日报》常常对国家图书馆的讲座进行报道，可见其社会影响力之大。

应该说，社会公众旺盛的文化需求、高水平的策划和组织、专家学者及社会各界的积极支持和参与，共同成就了这一时期国家图书馆讲座的盛况。

第二阶段：1966—1976年

1966年，国家图书馆的“革命职工”“根据广大革命群众的要求，正在积极筹备开设‘毛主席著作讲用室’，以便协助工农兵、革命师生和革命干部更好地交流活学活用毛主席著作的经验”[①]。受“文化大革命”影响，国家图书馆工作秩序遭破坏[②]，1966—1973年讲座业务萎缩。1974年1月17日，为了配合各单位学习元旦社论，国家图书馆邀请新华社的方实举办了国内形势报告会，参加人数达2700余人，读者们表示欢迎并要求再举办关于国际形势的报告会。1975年国家图书馆工作计划要求，要紧跟党中央的战略部署，继续办好学习马列和毛主席著作的辅导报告会以及配合形势发展的专题报告会，并重点联系一些工厂、大队的理论小组，以确保听众组织工作。这一年共举办了4次大型报告会和6次政治经济学讲座，参与人数共计57000人次，相当于同年阅览室接待读者数量的1/3。1976年根据毛主席关于要“读点鲁迅”的指示，举办了学习鲁迅报告会，内容是学习鲁迅反对复辟倒退的彻底革命精神和支持新生事物的革命精神。来自673个单位的5500多人前来听讲。报告会结束后，机电公司、中柬友好公社、食品公司、热力公司等单位来电话反映报告会内容很好，对他们单位的职工学习帮助很大。其中有机化工厂的工人理论队伍成员在听过报告后，回厂建议厂党委组织全厂学习，国家图书馆协助该厂举办了辅导报告，这次活动得到北京市委的重视。此后国家图书馆还将报告会办到其他单位，相当于现在的“巡讲”“定制讲座”。

---

① 李致忠. 中国国家图书馆馆史资料长编（1909—2008）[M]. 北京：国家图书馆出版社，2009：577.

② 李致忠. 中国国家图书馆馆史资料长编（1909—2008）[M]. 北京：国家图书馆出版社，2009：576.

第三阶段：1977—2000年

“文化大革命”结束后，随着形势的变化，国家图书馆讲座重新呈现出丰富多样的面貌。在1978年全国科学大会召开之前，仿佛提前感受到“科学的春天”即将到来的气息，国家图书馆阅览部于1977年8月举办了4期自然科学专题讲座。主讲人为教学经验丰富的教师和科技研究人员，听众多为北京城区、郊区的学生和科技爱好者，共760余人。讲座内容包括数理化基础科学方面的知识、学好数理化基础知识的重要意义、电视的原理及国内外电视工业发展情况等，反映了当时流行的“学好数理化，走遍天下都不怕”的普遍观念，同时也适应电视机进入中国家庭这一科技时尚潮流。

1979年，国家图书馆停办多年的群众工作组得以恢复，并于12月12日在首都剧场举办了丁玲读者见面会，参加人数达1100多人。1978年7月中共中央11号文件给丁玲摘掉右派帽子，1979年1月丁玲夫妇回到北京，春节后丁玲住进友谊医院进行全面身体检查，出院后便通过这次活动与广大读者和文学爱好者见面。当国家图书馆的工作人员登门邀请丁玲的时候，她的身体还没有完全恢复，但她爽朗地接受了邀请，并高兴地说“我这点儿病不算什么，过些天就会好了”，还谦虚地说“我没有什么创作经验，还是和读者谈谈心吧”，于是这次见面会的主题就定为“和读者谈谈心”。活动期间丁玲详细介绍了她创作《杜晚香》的过程和体会，她说，“这些年来，我有过痛苦，也有过斗争，但更多的是我积累了很丰富的，几十年写不完的文学创作材料。可惜我年纪大了，时间不长了……”她的话深深打动了在场的听众，令许多人落泪。国家图书馆在活动中展出了馆藏丁玲作品及其他相关书刊60余种，印发了丁玲小传及作品目录，并邀请中国铁路文工团话剧团的张炬、北京电影学院表演系的曲维和马精武朗诵了丁玲作品《太阳照在桑干河上》《牛棚小品》《杜晚香》的片段。丁玲见面会的社会反响非常大，当晚中央人民广播电台播发了消息，北京人民广播电台则选播了现场录音。这一年丁玲74岁。

自1980年开始，国家图书馆又推出了多场具有重要学术价值的讲座，例如孙钧政主讲的讲座“老舍作品的语言”，罗章龙主讲的“回忆少奇同志早期革命活动片段”，周汝昌主讲的“《红楼梦》的情节与结构”，吴祖光主讲的“我和戏剧”，艾青主讲的“谈诗歌创作”，孔罗荪主讲的“伟大的革命现实主义作家——茅盾”，王蒙主讲的“小说创作漫谈”，姚雪垠主讲的“关于崇祯形象的塑造”，等等。

1980年2月2日上午，国家图书馆与共青团中央联合在正义路三号北京卫戍区礼堂举办文学报告会“老舍作品的语言”，由北京语言学院教师孙钧政主讲，700多位读者和文学爱好者参加活动。老舍的夫人胡絜青也受邀出席报告会，她在发言中回忆了25年前老舍在国家图书馆与读者们见面、座谈的情景，并说“今天，在80年代第一春，国家图书馆又恢复了作家与读者见面的传统，这是一个很好的开端”，她还谈到老舍生前如何热爱他的读者。在发言后，她把自己亲手临摹的老舍的座右铭“笃信好学”单条赠送给大家，并愿与大家共勉。在活动中工作人员为听众分发了老舍小传及作品书目。

1980年6月21日上午，“回忆少奇同志早期革命活动片段”报告会在位于甘家口的国家物资总局礼堂举办，中国革命历史博物馆顾问、84岁的罗章龙带病为1600多位听众做报告。活动后放映了电影《刘少奇同志永垂不朽》和《少奇同志人民怀念你》，中央人民广播电台第一套节目做了相关报道。

1980年8月30日上午举办的“《红楼梦》的情节与结构”吸引了1600多位听众参加，主讲人周汝昌希望通过对于《红楼梦》的情节与结构的分析来帮助读者更好地理解曹雪芹的原著。他从现存八十回《红楼梦》原书的结构、布局中找出规律，并由此探讨《红楼梦》原书的全部情节发展。他在讲座中提出曹雪芹原著应为一百零八回，即由12个九回构成，第五十四回为贾府由盛转衰的分水岭，并谈到林黛玉的真正死因是在赵姨娘的诬陷迫害下投水自杀。这些独到的见解为读者阅读这部巨著提供了新的思路。

1980年12月6日上午，国家图书馆邀请著名戏剧家吴祖光在甘家口国家物资总局礼堂为听众做题为“我和戏剧”的报告。吴祖光谈到戏剧和每个人的关系，他提及自己从看戏到爱戏再到创作戏剧的过程，在复杂而丰富的社会实践中积累探索各种经验，从而写出了反映不同历史时期社会状况的《凤凰城》《文天祥》《风雪夜归人》等作品。他还讲到大家所关心的关于京剧危机的问题，认为“京剧现代戏是没有前途的，但京剧是不会消亡的”。报告会后放映了吴祖光改写的戏曲影片《花为媒》，这部影片由著名表演艺术家、吴祖光的夫人新凤霞主演。令现场听众激动的是新凤霞也参加了这场活动，在听众的再三要求下，新凤霞向大家简单谈了她的近况和感想，并与观众一起观看了电影。这次活动不仅是一场专题报告会，也是作家、艺术家与读者、观众的见面会，还是一次作品欣赏会。

可见，这一时期的国家图书馆讲座不但有优质的内容、重量级的主讲人，而且形式丰富多样，工作人员配合讲座内容，有时播放电影，有时举办展览，有时编制书目。1981年3月14日，在艾青的“谈诗歌创作”报告会上，中央人民广播电台播音员齐越、夏青、葛兰分别朗诵了艾青的诗《雪落在中国的土地上》《黎明的通知》《古罗马的大斗技场》。1981年，国家图书馆举办了孔罗荪的“伟大的革命现实主义作家——茅盾”报告会，会后播放了电影《林家铺子》，并举办了茅盾图片和馆藏著作展。同年，在王蒙的“小说创作漫谈”报告会上，演员徐恩祥、陈阿喜朗诵了王蒙的作品《脚的问候》《南京板鸭》。

这一时期，除了文学类讲座之外，科普类讲座也备受关注。1981年，国家图书馆举办了“能源与我国的四个现代化”“国外能源情况”“自然界与现代化”“航天技术现状及展望”“环境、饮食、遗传和癌”“优生和人口质量”“谈谈能源与现代化”等多场科普讲座。此外，随着社会环境的变化，讲座主题策划还关注到个人发展问题，1981年9月举办了“人才成长的因素及一般规律”等讲座。

1984—1985年，国家图书馆联合商务印书馆、北京市历史学会共同举办了“面向世界”外国历史讲座，以此响应邓小平关于“教育要面向现代化、面向世界、面向未来”的指示，帮助听众了解世界各民族的兴衰和历史发展进程，认识人类社会发展的普遍规律。该系列讲座为期一年，共17讲，主讲专家是来自北京各大学和社会科学院世界史研究所的专家，受到读者的好评。

1985年国家图书馆确定的10项具体工作任务之一便是“根据国家图书馆的特点，通过举办图书展览、知识讲座等方式，向国家干部和人民群众宣传马列主义、毛泽东思想，交流科学研究经验，传播科学文化知识”[①]。1987年，国家图书馆白石桥新馆建成，一批现代化的报告厅、教室及教学工具投入使用。同时，国家图书馆进行了机构调整，成立了学术活动服务部，其中2名员工专门负责讲座工作。这一时期的讲座反映了知识分子重返社会舞台的过程，其中历经劫难的老一辈专家学者通过讲座所传达出的口述信息是格外珍贵的，在经

① 李致忠. 中国国家图书馆馆史资料长编（1909—2008）[M]. 北京：国家图书馆出版社，2009：702.

过文化荒漠之后，广大公众又一次爆发出对讲座的热情。

第四阶段：2001年至今

新世纪到来，在全国公共图书馆即将掀起举办讲座热潮之际，国家图书馆引领风气之先，开办了“文津讲坛”“部级领导干部历史文化讲座”“文津读书沙龙”“典籍与文化”“国图讲坛”“文津少儿讲坛”“国家典籍博物馆系列讲座”等品牌，讲座服务发展迅速。

在时任国家图书馆馆长任继愈先生的大力推动下，“文津讲坛”于2001年1月1日在国家图书馆文津街分馆开讲。“文津讲坛”秉承国家图书馆开展文化教育的优良传统，依托国图宏富馆藏，以服务大众为宗旨，坚持讲座的思想性、学术性、知识性，广邀京内外著名专家学者莅临演讲，为广大读者提供了一个自主学习的空间。经过近20年的发展，“文津讲坛”于2019年12月10日迎来第1000期。在此期间，任继愈、张岂之、王蒙、厉以宁等700余位知名学者先后登台开讲，读者从最初的每场数十人增加到现在的数百人，总数逾23.8万人次，获得了非常高的社会知名度和美誉度，被公认为弘扬中华文化、推动全民读书、构建学习型社会的知识园地。为更好地传播“文津讲坛”的文化资源，国家图书馆遵循“思想自由、务实严谨”的原则，精选讲座内容，汇集成《文津演讲录》，已连续出版多辑。

图3-3 《文津演讲录》封面

“部级领导干部历史文化讲座”是国家图书馆举办的具有很高知名度的讲座系列。2001年3月，文化部部长孙家正在视察国家图书馆分馆时指出，国图分馆既然有古籍国情资料、讲座的特色，可定期为部级领导干部举办历史文化讲座，以提高部级领导干部文化素养和领导水平。经过多次商讨和策划，最后决定讲座由中央国家机关工委、文化部、中国社会科学院共同主办，国家图书馆承办[①]。“部级领导干部历史文化讲座”邀请的主讲人均为相关领域公认的有影响、有造诣的资深专家，讲座内容、形式和效果皆得到广泛充分的肯定。

2004年，“文津读书沙龙”正式启动。这一活动旨在配合“文津图书奖”为公众特别是青少年推荐最适合阅读的图书，引导读者的审美取向和文化消费，为家庭藏书和公共图书馆藏书建设提供参考；拓展图书馆文化传播和社会教育职能，发挥国家图书馆在倡导读书、组织读书、服务读书方面的重要作用，探索图书馆服务的新模式；建立全国图书馆界服务全民阅读的示范平台；搭建一个作者、读者、学者、出版者、图书馆互相交流沟通的平台，鼓励作者写好书，出版社出好书，读者读好书。“文津读书沙龙”自开办至2020年6月已举办活动300多期，年均举办20期，每期参与人数在200人以上，邀请国内外知名专家学者以作者或点评人的身份与广大读者进行面对面的交流。通过努力，“文津读书沙龙”以其较高的学术性与灵活的互动性发展成为国家图书馆的品牌活动之一，被视为公益性读书俱乐部，深受社会各界好评。

2006年，国家图书馆成立文化教育培训部（2008年更名为文化教育部，2011年更名为社会教育部），后在其下设学术讲座组，相继推出“艺术家讲坛”“教育家讲坛”“科学家讲坛”“中关村创业讲坛”“世界图书馆馆长论坛”等新的讲座系列，丰富了国家图书馆讲座体系，多层次、多侧面、多类型地满足了不同用户群体的需要。

2009年4月23日，温家宝总理来到“文津读书沙龙”现场，与在场读者深入交流，他指出：大家通过读书和举办讲座等形式开展活动，这对于推动全民族养成读书的良好习惯，提供读书好、好读书、读好书将起到促进作用。书籍是人类智慧的结晶。读书决定一个人的修养和境界，关系一个民族的素质和力量，影响一个国家的前途和命运。一个不读书的人、不读书的民族，是没有希望的[②]。同年11月，“国家图书馆文津图书奖及其文津读书沙龙”荣获中宣部和新闻出版署颁发的“全民阅读优秀项目”称号。

---

① 张彦，张洁．拓展国家图书馆服务职能的新尝试——“部级领导干部历史文化讲座”两年回顾[J]. 国家图书馆学刊，2004（2）：9-13.

② 读书好　好读书　读好书——温家宝总理参加“世界读书日”活动纪实[EB/OL].（2009-04-23）[2021-01-02]. http://www.gov.cn/ldhd/2009-04/23/content_1294455.htm.

2010年，除“文津读书沙龙”外，文化教育部（后更名为社会教育部）的各系列讲座整合为“国图讲坛”，成为国家图书馆讲座的又一个品牌，并推出了“百年辛亥专题研究”“大数据研究”“世界遗产视野下的‘一带一路’”“乡村，诗意的栖居”“匠意营造：中国传统建筑”“让文物活起来：古代物质文化”等诸多兼具学术性、时效性与时代感的优质系列讲座。

图3-4 2009年11月“国家图书馆文津图书奖及其文津读书沙龙”荣获“全民阅读活动优秀项目”称号

由于“国图讲坛”在馆内举办活动的场地为“学津堂”，国家图书馆原馆长詹福瑞先生将“国图讲坛”讲座文集丛书命名为《学津清谈》，截至2020年7月，已出版《传统文化与现代化》《科学素质与社会和谐》《艺术与社会》《教育理想与教育哲学》《守望圆明园》《乡土文化研究》《世界遗产视野下的“一带一路”》《百年辛亥》《匠意营造：中国传统建筑》等9部。

图3-5 2010年8月22日“国图讲坛”举办“百年辛亥专题研究系列讲座”首讲活动

图3-6　国家图书馆《学津清谈》系列图书

2011年，国家图书馆少年儿童图书馆创立“文津少儿讲坛”；2014年，展览部开办“国家典籍博物馆系列讲座”；同时，国图艺术中心等馆属企业也面向公众举办公益讲座。越来越多的部门发挥各自优势，积极开展讲座服务，讲座场次不断增长，影响力日益扩大。

此外，国家图书馆还充分发挥示范带动作用，积极推动各级公共图书馆、媒体等机构面向广大社会公众举办讲座，先后与《广州日报》合作举办了“文津·珠江讲坛”，与上海《新民晚报》合作举办了“国图·新民讲坛”，与福建省图书馆合作举办了“国图·东南讲坛”，与山东省图书馆合作举办了“国图·山东大众讲坛”，与宁夏图书馆合作举办了“国图·塞上人文论坛”，与沈阳市图书馆合作举办了“国图·沈阳辽海讲坛”等，并承担了福建省图书馆、辽宁省图书馆、佛山市图书馆、包头市图书馆等单位的讲座策划委托项目。这些合作项目大大拓展了国家图书馆讲座在全国的辐射面与影响力。在广泛合作的基础上，国家图书馆牵头组建了全国公共图书馆讲座联盟，很好地探索了讲座馆际合作与社会合作的新模式。一些高校图书馆也加入讲座联盟，在事实上突破了公共图书馆的范畴；讲座联盟的工作范围也并没有局限于讲座本身，而是逐渐扩展到阅读推广的多个方面，成为公共图书馆阅读推广的合作平台。

笔者根据《国家图书馆年鉴》进行统计，2004年至2017年，国家图书馆共举办讲座2845场次，年均200余场次，月均17场次，数量相当可观，并且始终坚持学术高度与大众普及相结合，反映了国家图书馆在社会教育和阅读推广方面的成果。

表3-1　2004年至2017年国家图书馆讲座选题统计表

讲座选题类别	场次	比例
文史	1281	45%
艺术	412	14%
科普	290	10%
古籍研究	242	9%
时政	217	8%
教育	164	6%
经管	148	5%
阅读指导与图书馆事业	91	3%
总计	2845	100%

从表中数据可以看出：第一，国家图书馆讲座选题全面覆盖文史、艺术、科普、社科等各个领域；第二，文史类选题所占比例最高，达到45%，是国家图书馆讲座的强项；第三，古籍研究、阅读指导与图书馆事业相关选题共占比12%，彰显出图书馆讲座选题的独特性以及图书馆讲座在推动全民阅读方面的作用。

2019年，国家图书馆迎来110周年华诞，国家图书馆讲座也已走过近70年历程。回顾这段历史，国家图书馆讲座始终坚持求知求真的学术精神，既看不到“国学热”倾向，也没有追捧“大师”和“学术明星”的痕迹，经受住了时间的检验，以其较高的文化品位丰富着社会公众的文化生活。

第二节　彰显城市精神的“上图讲座”

上海图书馆讲座始于1978年1月6日，由上海人民出版社编辑黄宗英为

2000多位读者主讲“缅怀周总理”，这是上海图书馆记录在册的首场讲座。同年十一届三中全会前夕，上海图书馆开办了“大型宏观信息”系列讲座，针对当时的形势和人们的信息需求，邀请专家学者为以基层党政宣传干部为主体的听众举办讲座。经过40多年的发展，“上图讲座”的内容越来越丰富，并逐渐形成了服务城市发展、彰显都市文化魅力的特色。不同城市有着各自的城市文化个性，“上图讲座”大力打造“海派文化”和“都市文化”专题，力求充分显现其“都市”性，充分展现出东方大都市海纳百川、各方杂处的文化精神[①]。具体而言，“上图讲座”品牌特色与成功之道可以从以下几个角度考察。

一、打造“城市教室”“市民课堂”

“上图讲座”在发展过程中始终体现着服务上海市民的宗旨。现代城市建设、人民生活改善离不开企业的发展，早在1999年，“上图讲座”就针对企业管理人员和员工策划举办了题为“上海市中小企业发展机遇与对策”的专家系列报告会，以此助力企业发展、指导大众创业。2004年、2005年，“上图讲座”连续两年推出“上海经济学家创新论坛”，积极关注经济发展与社会和谐，为市民深入了解经济界关于社会经济生活的看法提供了机会。除时政和经济类讲座外，“上图讲座”还有意识地拓宽讲座选题领域。2002年，上海图书馆与上海作家协会共同推出“名家解读名著”系列讲座，邀请上海著名作家或文化名人解读经典文艺作品。这些讲座一方面可以拓展听众的阅读视野，为快节奏城市生活中的市民提供一块自我提升、滋养心灵的净土，另一方面可以促进当代文艺创作，给埋头笔耕的作家提供一个与读者交流分享的平台。2009年，“上图讲座”成立“80知友会”，旨在通过上图讲座凝聚一批年轻且具备较高文化修养的会员群体。当时“80后”正处于二三十岁的年龄，他们的成长和发展受到社会各界的关切，“80知友会”正是“上图讲座”服务“80后”这一特定用户群体的举措。“80知友会”通过了解、研究他们的生活习惯，力求使讲座服务与年轻人的生活方式更加合拍，有针对性地面向这一群体策划举办讲座并发布信息，讲座内容涉及职场、礼仪、理财、人生价值等年轻人关注的话题。

---

① 邱冠华，金德政．图书馆阅读推广基础工作［M］．北京：朝华出版社，2015：103.

截至2013年初，“80知友会”的会员已超过2000人。随着“80后”群体成长为社会的中坚力量，曾经在“上图讲座”汲取的知识营养不但使他们个人终身受益，而且也推动了城市的建设和发展。与此同时，“上图讲座”的关注重点也在不断变化，在服务市民的实践过程中发展出“时政热点”“经济金融”“文史艺术”“科技教育”“生活健康”“社会法律”六大板块、十八个系列，规模之庞大、体系之完整在公共图书馆界首屈一指。1998年9月，“上图讲座”在创办20周年之际举办了纪念大会及回顾展“没有围墙的大学”，凸显了其对自身社会教育职能定位之准确。今天，“没有围墙的大学”已成为公共图书馆讲座最常见的代名词。

二、引领、帮助区域乃至全国公共图书馆讲座的发展

“上图讲座”在服务上海市民的同时也致力于“兼济天下”，主动帮助兄弟馆提升讲座服务水平，实现共同发展。2005年4月，上海图书馆和文化部全国文化信息资源建设管理中心发起以“图书馆讲座与城市文化建设”为主题的“首届全国图书馆讲座工作研讨会”。来自全国25个省、自治区、直辖市的85家图书馆代表参加，并共同签订《公共图书馆讲座资源共建共享协议书》，此举标志着公共图书馆讲座工作进入一个合作发展的新时期。2003年开始，中央电视台“百家讲坛”栏目进入鼎盛时期，许多公共图书馆都渴望邀请到其中的主讲专家来馆讲座，以扩大本馆讲座的影响力，但这对于基层馆来说并非易事。2006—2013年，“上图讲座”以自身强大的策划组织能力和公关能力两度邀请“百家讲坛”主讲人、清史专家阎崇年在长三角地区巡讲，两度邀请“百家讲坛”主讲人、厦门大学教授易中天在长三角地区巡讲，得到绍兴、宁波、南京、扬州、镇江、常熟、苏州、太仓、南通、张家港等多地市民的热烈欢迎，帮助这些城市图书馆的讲座产生了巨大的影响力。2010年，“上图讲座”还邀请易中天教授远赴东北三省巡讲，在那里掀起了图书馆讲座的热潮。2007年“上图讲座”推出的“走进世博会”全国巡讲，在3年时间走遍全国24个省、直辖市、自治区的主要城市以及港澳地区，不但推广了世博会，而且推动了图书馆讲座工作的交流与合作。多年来，“上图讲座”先后向其他公共图书馆输送专家资源数百人次，还坚持免费将讲座视频光盘和《上图讲座》专刊资料赠送给全国100余家公共图书馆，这给各馆讲座提供了最实际、最有力的支持，

也赢得了各馆的尊重和信任。

三、借助多种媒体推送优质讲座

"上图讲座"紧跟信息时代潮流，进行内拓外联，从原先单一的现场讲座迅速转化为多种载体的讲座，催生出电视讲座、网络讲座、广播讲座、讲座丛书、讲座视听阅览室等[①]。上海图书馆是最早将讲座视频搬到电视荧屏上的公共图书馆。2002年起，"上图讲座"长期与上海东方电视台的品牌栏目"东方大讲坛"开展合作，为该栏目提供了1/3以上的片源。同时，上海广播电台、《解放日报》、《新民晚报》、《文汇报》长期为"上图讲座"编发讲演稿，将讲座内容送到千家万户。2003年底，"上图讲座"网站（http://www.jiangzuo.org/）开通，具有发布讲座预告、内容摘要、讲座专刊，播出获得授权的讲座视频等功能，之后又增加了讲座预定模块，在全国公共图书馆中率先实现了在线订座服务。从短信订座到网络订座再到微信公众号订座，"上图讲座"始终紧跟潮流，及时将新技术运用到读者服务之中，既为读者提供了便利，又吸引了大批年轻读者。"上图讲座"始终致力于融合新技术、新平台、新媒介，近年来与互联网科技深度融合，"上图微讲座"、微信公众号、网络音频主播等都是利用新媒体的产物[②]。在全国公共图书馆讲座中，"上图讲座"最早开展网络直播，2004年"世博会，历史的机遇"在世博网、新浪网、上海图书馆门户网站进行现场直播，网友点击超过10万次。近年来网络听书异常火爆，"上图讲座"与喜马拉雅音频分享平台合作，设立"上图讲座——名人演讲集"，自2016年3月至2020年7月，已上传讲座音频1000余场，粉丝数量近8万人。在媒体和科技发展的浪潮中，"上图讲座"不断融合新技术、新平台、新媒介，始终走在知识传播的前沿，创造了公共图书馆界诸多"第一"。

---

①② 颜维琦. 上图讲座创办40周年　陪伴一座城市成长的文化"港湾"[EB/OL].[2018-10-31]. http://difang.gmw.cn/2018-10/31/content_31874561.htm.

图3–7 “上图讲座”网站

四、网罗优质主讲人资源，为专家提供传播知识的平台

上海拥有强大的教育科研资源，复旦大学、上海交通大学、华东师范大学、同济大学等高校确保了“上图讲座”的品质，全国各学科领域的专家学者也经常到上海参加科研项目、学术会议及国际交流，这种智力资源的流动性大大拓宽了上图讲座的主讲人来源。21世纪初，“上图讲座”已经聚集了院士徐匡迪、杨福家、裴钢、欧阳自远，法学家曹建明，作家金庸、王蒙、王安忆、莫言、周国平、白先勇，外交家吴建民、沙祖康，经济学家吴敬琏，画家陈逸飞等一大批名家。在学界、政界之外，文艺界名人谢晋、靳羽西、杨澜、刘若英等，企业家张瑞敏、刘永行等也做客“上图讲座”。应该说，直到今天，这些社会名流到图书馆举办讲座仍是比较罕见的，究其原因，一方面在于公共图书馆自身的吸引力不足，另一方面公共图书馆面对此类活动顾虑较多。“上图讲座”敢为天下先，在公共图书馆尚缺乏社会关注度的时候，运用名人效应改变着公众对于公共图书馆的认知。

但“上图讲座”绝非一味追求名人效应，它重视为学者与公众的交流提供平台，并积极为青年学者的脱颖而出创造条件。上海浦东新区原区委常委、政协副主席邵煜栋曾说：“上图讲座为我提供了一个施展才华的大舞台，我是从上图讲座走向全上海、全中国和全世界的。"[①]邵煜栋是1990年第一批参加浦东开发的成员之一，对浦东开发建设的历程非常熟悉，是招商引资方面的专家，同时涉猎两岸关系、中美关系、世界经济等问题的研究。邵煜栋曾多次受"上图讲座"邀请担任主讲人，并成为"上海图书馆讲座中心"首批聘请的十名客座教授之一。在上海图书馆讲座中心成立25周年之际，上海图书馆举办《我与上图讲座》征文活动，时任浦东新区统战部部长的邵煜栋写作《一个特殊的舞台和一曲惊天的乐章》一文，称"上图讲座中心是这个城市不可多得的特殊舞台，在这个舞台上你的才思可以尽情地迸发，从这里发出的声音可以传遍上海、全国乃至世界，从这里闪耀的思想火花可以点燃很多人的心灵之光！"[②]2006年上海图书馆推出"千年中国·智慧人生"公益讲座，邀请时任上海电视大学副教授的鲍鹏山担任第一辑（共18讲）主讲人，每两周一讲，讲座获得上海市民的热烈欢迎。此后，鲍鹏山数十次受邀做客"上图讲座"，成为在上海图书馆举办讲座最多的主讲人。2008—2009年，鲍鹏山在《百家讲坛》主讲"新说水浒""孔子是怎样炼成的"等，节目播出后，观众反响强烈。

五、在广泛的社会合作中追求共赢

开放、广泛的社会合作是"上图讲座"成功的重要原因之一，也是上海"海纳百川"城市精神的体现。例如，上海图书馆与上海发展基金会合作举办"上海发展讲坛"，围绕上海发展的重大问题为广大市民答疑解惑；与上海市法官协会合作举办"依法维权——与市民谈法"系列讲座、与上海市律师协会合作举办"东方大律师"系列讲座，邀请沪上知名法官律师面向市民普及法律知识、提供法律援助；常年与上海市作家协会合作举办"名家解读名著"系列讲座，为读者与王安忆、赵丽宏、叶辛等知名作家面对面交流提供了机会。"上图讲座"还通过与政府的合作来服务于城市治理，为政府与市民的信息交流搭建桥梁，既为市民生活、工作提供便利，又在一定程度上起到增强行政透明度的作用。上海图书馆先后与上海市人大常委会培训工作委员会、上海市金融服

① 拱佳蔚. 合作创新　共同发展——上海图书馆讲座活动的资源整合与服务实践[J]. 图书馆杂志，2005（9）：35-36.

② 记上图讲座客座教授邵煜栋[EB/OL]. [2006-07-17]. http://www.library.sh.cn/jiang/list/list.aspx?id=1316.

务办公室、上海世博会事务协调局等共同主办“市民与法——解读上海地方性法规”“让金融走进民众”“上海世博会讲坛”等系列讲座，都获得非常好的效果。

六、发挥志愿者服务的作用

上海图书馆自1996年起引入志愿者服务，2005年成立志愿者服务队，截至2015年，拥有注册个人志愿者1200多名，志愿者团体70多个。“上图讲座”也成为最早有志愿者参与服务工作的公共图书馆讲座。“上图讲座”的志愿者以在校大学生为主，他们的工作积极性和参与度很高，这得益于在实践中形成的成熟的志愿服务管理机制。

上海图书馆志愿者服务队由馆党委直接领导，设立志愿者服务队组委会作为管理机构。组委会下设秘书处，负责服务队日常工作和相关活动的组织开展。服务队实行志愿者组长参与管理制，通过组长参与日常管理工作实现志愿者自主管理模式，以此调动志愿者的工作积极性。服务队制定了《上图志愿者服务队管理办法》《上图志愿者服务守则》等相关规章制度，并随着志愿者服务工作的发展状况及时加以修订。此外，服务队还建立志愿者OA办公管理系统，对志愿者的基本信息、工作岗位、出勤情况、服务效果等做好记录，实行日常考核及年度评优机制。

志愿者服务队承担了“上图讲座”的大量服务工作，其成功经验被其他图书馆讲座广泛借鉴，如今讲座志愿服务已经为多家图书馆所采用。

“上图讲座”并没有局限于讲座服务本身，经过多年的潜心发展与积极开拓，又衍生出上图朗诵、少儿诵读活动、东方书院等子品牌。2003年，上海图书馆启动群众性朗诵艺术工程，举办朗诵艺术欣赏讲座，开办朗诵艺术培训班，成立上图朗诵艺术团，举办诗歌朗诵演唱会等活动。濮存昕、秦怡、蓝天野、童自荣等许多艺术家都受邀参与朗诵活动，引领、培养着上海市民的高雅文化情趣。从讲座到朗诵，“上图讲座”适应了广大市民新的文化需求，每年都会举办大型朗诵活动。2019年，为庆祝上海解放70周年，上海图书馆携手上海市作家协会、上海市新四军历史研究会，于5月26日在上海图书馆报告厅共同举办“海上心声　烽火记忆——庆祝上海解放70周年”诗歌朗诵会。东方书院成立后致力于传统文化的传播与推广，不但进一步推动了诵读活动，而且开展了游学等形式多样的活动。

2018年10月30日，上海图书馆举行“纪念上图讲座创办40周年专家座谈会”，来自学术界、出版界、文艺界等各领域的专家学者欢聚一堂，共同回忆在“上图讲座”的点点滴滴，为“上图讲座”今后的发展出谋划策、描绘蓝图。40年间，“上图讲座”共举办讲座及各类文化活动3400余场，直接听众154万人次。它始终保持敢为天下先、勇于创新、充满活力的特色，彰显着上海的城市精神，不但获得了上海市民的认可，而且影响力辐射全国，曾获得“2004年第六届中国最佳公共关系案例大赛优秀公关案例银奖”“2005年度上海市振兴中华读书活动优秀项目奖”“2005年文化部首届创新奖”“2012年上海市振兴中华读书活动30周年十佳读书活动项目”等诸多荣誉。伴随着上海城市治理和文化融合的不断发展，“上图讲座”以“城市教室”“市民课堂”的功能定位打造独具魅力的“上海文化”品牌，对全国公共图书馆讲座都具有重要的引领和示范作用。

第三节　传播地方文化的“首图讲坛”

首都图书馆是国内较早开始举办讲座的公共图书馆之一，可考的记载可以追溯至1953年，与国家图书馆讲座起源于同一时期。1955年，首都图书馆邀请《暴风骤雨》作者周立波、《把一切献给党》作者吴运铎、鲁迅生前好友孙伏园、北京人民艺术剧院郑榕等举办报告会或诗歌朗诵会。1959年首都图书馆全年举办报告会多达45场，参加的读者逾2.3万人。首都图书馆时常与国家图书馆合作举办讲座，例如，1963年10月为纪念曹雪芹逝世200周年，两馆曾联合举办由吴组缃主讲的“读《红楼梦》的几点体会”。自20世纪90年代起，首都图书馆联合各城区图书馆共同举办讲座，带动基层公共图书馆讲座服务的发展，例如1995年3月联合西城区图书馆、宣武区图书馆举办的“中国妇女现状及问题”，同年4月联合西城区图书馆、宣武区图书馆、丰台区图书馆举办的“纪念抗日战争胜利和高扬爱国主义旗帜”等。首都图书馆讲座对于区县图书馆的扶持和带动作用延续至今，2020年北京市各公共图书馆因新冠肺炎疫情临时闭馆期间，“首图讲坛”不但通过网络直播举办“诗经里的花”“世界文明巡礼”“阅读文学经典”等系列讲座，而且联合各区县图书馆推出多场以“书香助战疫，阅读通未来”为主题的线上讲座及其他阅读推广活动。经过近70年的努力，首都图书馆培育出“首图讲坛”这一响亮的文化品牌，特别是其中的“乡土课堂”系列讲座已经成为京城最具京味儿、最有人气的特色文化活动之一。

一、“乡土课堂”的创办

首都图书馆讲座形成较大规模和自身特色始于2003年开办“首图讲坛·乡土课堂”。“乡土课堂”很快发展成为“首图讲坛”最成功、最具品牌价值的讲座系列，不仅内容深受读者欢迎，而且与首都图书馆的特色馆藏文献紧密结合。早在1958年，首都图书馆就成立了北京地方文献中心，专门从事北京地方文献的搜集、整理与研究工作。经过60多年的发展，其收藏的文献资料从最初的1000多种，逐渐积累到现在的6万多种。2002年正当中心业务发展如火如荼之时，主持工作的李诚认为年轻的新员工应该对北京历史文化有更加全面深入的了解，以便适应业务的发展，因此他邀请专家学者到馆举办培训，同时也面向部分读者开放。由于培训反响很好，李诚和中心的同事决心把它作为一项读者服务工作做大做好，并推动首都图书馆与北京史研究会达成合作举办北京历史文化系列科普讲座的意向。北京市社会科学界联合会也对这个创意给予积极肯定和大力支持，于是三方分工合作，于2003年共同推出“首图讲坛·乡土课堂”。首场讲座于1月4日举行，由北京史研究会理事、天坛公园副园长姚安主讲“北京祭坛”。可以说，“乡土课堂”是公共图书馆传承、弘扬地方文化的最佳范例，并且实现了图书馆用户服务与研究工作的相互结合、彼此促进。

图3-8　首图讲坛·乡土课堂2020年度开讲仪式暨新闻发布会

二、“乡土课堂”的选题策划

“乡土课堂”的选题涉及北京的人文地理、历史文物、名胜古迹、城市建设、园林坛庙、民风民俗、文化遗产、民族宗教等多方面的内容，汇集成为一座北京历史文化的巨大宝库，成为京城百姓文化生活的一个亮点。来自科研机构、高等院校、学术团体以及政府机关的专家借助“乡土课堂”这一平台走到京城广大市民的文化生活中来。“乡土课堂”自开办以来场场火爆，听众范围非常广泛，覆盖不同年龄阶段、不同职业的人士，可见地方文化这一主题作为通识教育的重要组成部分具有强大的吸引力。“首图讲坛”的问卷调查显示，“乡土课堂”的听众满意度达到100%。在2003年“首图讲坛”因“非典”疫情被迫中断之时，有读者致电首都图书馆，表示担心“乡土课堂”因此夭折，要求“非典”疫情过后立即恢复讲座。“乡土课堂”不负嘱托，定期在每周六举办，至今已持续18年。

“乡土课堂”的成功经验启发图书馆应将地方文化置于讲座策划的重要位置，使讲座发挥乡土教育的作用，打造特色讲座品牌，服务地方文化发展。对于图书馆所在地的公众而言，地方文化讲座不但有利于人们了解、传承传统文化，而且可以培养人们对故土的深厚情感。从全国乃至全世界的视角来看，地方文化讲座的举办及其通过互联网、新媒体的传播对于传播地方文化、打造城市名片具有重要意义。首都北京作为首善之区蕴含着深厚的文化内涵和鲜明的京味儿特色，首都图书馆秉承北京地方文献资源优势、充分利用北京学术人才优势面向大众开办“乡土课堂”，为传承民族优秀文化和建设人文北京奠定了很好的社会基础。

“乡土课堂”的选题策划注重透过多样化的人文视角，将博大精深的地方文化展现得全面、丰富、系统，同时最大限度地发掘相关领域的专家资源及合作单位的智力资源，确保讲座的可持续发展。“乡土课堂”通过选题策划例会制度和专家咨询制度将读者需求、文化热点与科普深度三者很好地结合起来。为此，“乡土课堂”每年都会举办读者座谈会，邀请合作方北京市社科联、北京史研究会的相关人员、专家代表、读者代表、媒体记者共同为讲座发展建言献策。

三、“乡土课堂”的宣传推广

2008年，“首图讲坛·乡土课堂”由首都图书馆北京地方文献中心转交首都图书馆宣传策划部负责，并以此为契机围绕社会热点和文化现象探索选题系列化、专题化的发展方向。时任首都图书馆宣传策划部主任的王海茹有一个明确的观点：没有策划就没有讲座。只有综合多种要素来策划讲座，才能避免讲座举办的随意性，确保讲座品质和品牌形象。宣传是图书馆讲座策划的重要组成部分，其目的在于令社会公众获悉图书馆讲座信息，了解、参与、利用图书馆讲座服务，同时营造促进图书馆讲座服务发展的良好环境。在公共图书馆界，将讲座、展览等阅读推广的策划组织与全馆宣传工作归口在同一个部门的情况较为少见，但首都图书馆的实践证明了这种职能分工方式具有强大优势。王海茹在“首图讲坛”品牌打造过程中感受颇深，她认为：“一个讲座系列仅仅具有高品质的讲座内容是不够的，它应该加强品牌传播效应，吸引更多的人关注和参加。……在报纸、期刊、门户网站定期发布媒体信息，邀请媒体报道讲座内容，这些方式都积极有效地推广了‘乡土课堂’的品牌形象。优秀的讲座资源结合现代传媒的优势，使‘乡土课堂’在更大范围、更深程度上传播了北京历史文化，提升了社会影响力。”[①]“首图讲坛”的媒体宣传得到了有关部门的大力支持，《北京日报》《北京晚报》等媒体对其进行宣传已经成为一种常态。

“首图讲坛”还主动走出馆区，把讲座办到馆外，把宣传做到馆外。2003年，应中国人民大学邀请，“首图讲坛”到中国人民大学开办讲座，受到学生的普遍欢迎。“首图讲坛”还基于自身对区县公共图书馆的影响力和号召力在各馆举办巡讲，盘活了全北京公共图书馆的讲座资源。“首图讲坛”还配合讲座，策划举办“往日京华”“情天恨海圆明园”“辉煌北京成就展”“科学的足迹——北京城市生活百年回顾展”“北京之门——老车站展”“传统节日民俗”等一系列巡回展览，社会反响热烈，对于包括“乡土课堂”在内的“首图讲坛”产生了很好的宣传作用。其中“科学的足迹——北京城市生活百年回顾展”以89块展板、400余张珍贵图片，通过科技发展影响生活的视角，全面展现了一个世纪以来北京城市生活衣食住行方方面面的变化。该展在首都图书馆举办后又应邀到大学、公园、车站及区县图书馆等很多单位巡展，前后持续数年之久，由此可以窥见其受欢迎程度之高、宣传效果之显著。

---

① 王海茹．讲座品牌的培育之道——“乡土课堂”品牌建设中的几点思考[J]．图书馆建设，2009(8):62-64.

首图“乡土课堂”是图书馆讲座宣传地方文化的成功范例，但并不是个案。纵观各地公共图书馆讲座，凡是立足本地特色文化的讲座，大都已发展成为品牌项目，获得了公众的欢迎，得到了社会各界的普遍认可和关注。

第四节　立足人文关怀的“闽图大学堂”

福建省图书馆讲座始于20世纪80年代，那时的讲座形式以报告会、座谈会、书评会为主，目的在于配合各种读书活动，时间多安排在晚上，停放在图书馆门前的一排排自行车证明了讲座的知名度和吸引力。20世纪90年代，福建省图书馆讲座服务进一步发展，根据读者需要，讲座时间逐渐从晚上改为白天，内容从最早的文学扩展到人文、社科、科普、艺术等多个领域，并逐渐形成了“依托专家学者，做足八闽味道”的主题特色。2003年起，福建省图书馆加强了对讲座服务的重视。2005年，成立读者活动中心（现文化教育部），设立专门岗位，拨付专项经费，配备专职人员，创立公益性公共文化服务品牌“闽图大学堂”，自此讲座成为该馆常规业务之一。2006年，福建省图书馆联合福建省社会科学联合会，创办了“东南周末讲坛”，作为“闽图大学堂”的子品牌之一。伴随着中央电视台《百家讲坛》主讲人易中天、毛佩琦、鲍鹏山、蒙曼、马瑞芳、李山、傅小凡、孟宪实、韩田鹿、董平、韩昇等专家做客“东南周末讲坛”，它的知名度和影响力也越来越大，常常出现一座难求的现象。“闽图大学堂”下，除设有“东南周末讲坛”外，还有“阅读与欣赏”“作家讲坛”“闽图之夏”等多个系列讲座，至2018年已举办讲座1500余场，现场听讲及网络视频收看人数累计超过35万人次，深受广大市民的欢迎与关注，被誉为“福建第一堂”。福建省图书馆及其讲座服务也因此荣获诸多荣誉，例如：2007年“闽图大学堂”获得文化部颁发的“第十四届全国群星奖”之“图书馆公共服务奖”，2010年，福建省图书馆“闽图大学堂”被评为“福建省社会科学普及基地”，2012年“闽图大学堂”被评为“全国人文社会科学普及基地”，2014年“闽图大学堂”被评为全国“终身学习活动品牌”，2016年“东南周末讲坛”被中宣部评为“基层理论宣讲先进集体”。

“闽图大学堂”的成功经验之一在于其对于“人文关怀”的不懈追求，无论策划还是组织，无论面对听众、主讲人还是合作伙伴，无论完成常规工作还是应对突发状况，方方面面、时时处处都展现出图书馆“以人为本”的理念和原则。福建省图书馆文化教育部原主任戴宿勇认为，图书馆发挥知识传播作用的关键在于真情服务，特别是在讲座这种以人为要素的知识传播方式中，馆员绝不可以机械地完成工作任务，只有在讲座服务中投入自己的真情实感，才能够提高知识传播的质量、效果。

一、贯穿在选题策划中的家国情怀

从选题策划看，“闽图大学堂”不但广邀名家学者，开展通识教育，满足用户多方面、高层次的知识需求，而且基于地方文化和地域特色，围绕“福建地域文化”和“闽台文化”两个核心主题策划精品讲座，致力于追求“做足八闽味道”的目标，实践福建省图书馆“立足福建、辐射两岸、延伸海外”的发展定位。例如，“福建海洋文明”系列讲座从天下闽商、外国人眼中的福建、福建海洋文明在台湾的延续、福建海洋文明在东南亚美洲欧洲的延伸、作为人类文明遗产的世界海洋文明等不同层面系统地阐述了福建的传统文化特色。又如，“船政文化”系列讲座从中国近代第一所高等院校、中国近代海军的发祥地、中国近代工作文明的起步、近代中西文化交流的旗帜、船政文化及其启示等多个角度介绍了中国最早的对外开放产物——马尾船政学堂，同时介绍了相关重要历史事件和历史人物。此外，还有“名人名居三坊七巷”“严复的文化思想”“朱熹的礼学思想”以及介绍寿山石、脱胎漆器、软木画、土楼等文化遗产的“本土文化行旅”等系列讲座，以及“闽人·闽读”阅读推广活动、“阅电影·读人生”活动。这些根植于本土文化的讲座以浓浓的乡情、乡愁、乡恋产生了强大的号召力与感染力，引发了人们深厚的家国情怀。

二、在讲座的时间和地点选择方面充分照顾不同用户的需要

从服务时间看，20世纪80年代福建省图书馆开展讲座服务之初，大众的文化需求旺盛而文化生活非常贫乏，因此将讲座安排在晚上举办是合适的。但随着城市规模的扩大，生活节奏的加快，人们的文化娱乐生活日益丰富，学习知识的渠道日益拓宽，讲座不宜继续在晚上举办，因此福建省图书馆逐渐将讲座时间调整为周末的白天，同时根据不同用户群体的需求灵活安排。例如，

“闽图大学堂”自2004年开始每年暑假期间针对中小学生举办“省图之夏”夏令营活动，先后策划推出“革命历史故事老电影回顾”“国学诵读”“青少年礼仪和素养”“青少年励志格言书法笔会”“阅读与写作名师讲坛”“追寻红色足迹”“经典阅读·心灵成长”等主题，给假期里的孩子们带来了知识和乐趣。

从服务空间看，“闽图大学堂”始终秉持开放的态度，从未将自己封闭在馆区之内，而是在图书馆报告厅这个主阵地办好讲座的同时，走出图书馆，走进学校、企业、机关、社区、军营、监狱，甚至到其他城市举办巡讲，开拓新的文化阵地。“闽图大学堂”是全国最早与部队和监狱开展长期合作的图书馆讲座之一，用行动坚持“把讲座向农村、社区延伸，向弱势群体、流动人口延伸，并且向需要通过接受教育改造重新融入社会的服刑人员延伸……让他们共享讲座资源，把听讲座变成他们精神文化生活的一个组成部分”①。仅2019年7月中旬至8月初，“闽图大学堂”就先后走进鼓东街道、金州社区、福州软件园、福州地铁、水部街道等多地举办活动。

图3-9　“闽图大学堂”之“东南周末讲坛”为社区老人举办“重阳诗书画欣赏”讲座

① 郑智明，戴宿勇．努力做好文化传播的推手——福建省图书馆讲座工作的几点思考[C]//全国公共图书馆讲座工作论文集．北京：国家图书馆出版社，2010：230-233.

图3–10 “闽图大学堂”之“东南周末讲坛”为省直机关领导干部举办讲座

三、在服务主讲人的过程中贯彻以情留人

就服务主讲人的角度而言，“闽图大学堂”通过规范化的工作流程以及以情待人、以情动人、以情留人的工作理念，积累了大量来自全国各地的优质专家资源。在讲座前期的准备工作中，“闽图大学堂”的工作人员会就讲座选题、内容、开始时间、时长、会场、设备、课件、课酬、授权等全部细节与主讲专家沟通，在策划、宣传、组织的每个环节都会充分征求、尊重主讲专家的意见和建议。在讲座策划组织的全过程中，“闽图大学堂”的工作人员始终保持热情细致的态度，使主讲人保持轻松愉快的心情，以最佳状态面向公众传播知识文化。近年来，通过国家图书馆、上海图书馆等兄弟馆的协助，“闽图大学堂”在全国范围内遴选、邀请主讲人，馆员需要完成大量烦琐的接待工作，安排好交通、住宿、用餐等专家差旅事项。他们的服务细心而周到。这些专家无不称赞工作人员的服务精神，不但愿意继续举办讲座，而且乐于为福建省图书馆事业发展提供更多的支持。例如，著名书法家孙鹤教授于2014年首次做客“闽图大讲堂”时就被工作人员周到、热情、质朴的服务所感动，之后不但多次前往福建省图书馆举办讲座，而且向福建省图书馆捐赠书法作品。

四、在用户服务的细节中彰显人文关怀

从服务用户看，“听众服务是图书馆讲座存在的理由，全心全意为听众提供

便捷的服务是图书馆讲座的出发点和灵魂，听众的满意度是评估讲座成功与否的最重要的标准。听众服务应当融入图书馆讲座业务的各个环节和各个细节”[①]。“闽图大学堂”服务用户具有朴实、细致、包容的特点，“让学术走进百姓，让知识开阔视野，让文明净化心灵，让文化丰富生活”是它的宗旨。“闽图大学堂”举办讲座前一小时就开放报告厅，较早到达的听众可以休息或相互交流，如遇阴雨等天气不佳的情况还会提前开放报告厅，并在散场时提供雨伞免费借用服务。每场讲座，馆员和志愿者都会向听众发放讲座预告、内容摘要等资料，同时发放调查问卷，请听众为每一场讲座做出评价，以便后期评估和改进。以调查问卷的方式了解用户的满意度、收集意见和建议的方式虽然传统，却非常有效，用户可以直接反馈讲座存在的问题，馆员则可以及时改进。调查问卷的另一个好处是以书面方式记录问题，更具真实性和可信度，并且便于后期整理、汇总和解决，需要逐级汇报的问题也存有书面依据。为做好用户服务，“闽图大学堂”还从听众中引进志愿者以弥补工作人员人手不足，福建省图书馆称他们为“图书馆之友”。戴宿勇主任认为，“他们［这些志愿者］来自读者又服务于读者，他们更能够了解读者的需求，并很快掌握讲座服务的工作程序，准确解答读者提出的各项问题。他们工作认真负责，热情诚恳，完全融入图书馆的讲座服务之中”[②]。这种管理方法使志愿者兼具用户与工作人员的双重身份，更易于与其他用户交流沟通、彼此理解，相较于单一的志愿服务显然更具人文关怀。

五、讲座主持人直接展示真情服务

从讲座主持来看，讲座主持人是主讲人的最佳助手，是甘于衬托“红花”的“绿叶”，“不仅在现场是公关知识的传播使者，对整个讲座起到锦上添花的作用；同时更是本图书馆的形象代言人，优良的现场表现可以在听众的心目中提升图书馆正面形象”[③]。听闻笔者曾起草《讲座主持规范》，“闽图大学堂”的工作人员专门向笔者索要，与笔者交流讲座主持经验。在全国公共图书馆讲座

① 王世伟. 图书馆讲座工作引论[J]. 图书馆学研究，2005(10)：84-86.

② 戴宿勇，廖艳萍. 福建省图书馆“闽图讲座”活动综述[J]. 福建图书馆理论与实践，2006(3)：12-14.

③ 胡莹. 依托新馆硬件功能，探索讲座服务提升——闵行区图书馆讲座工作发展的思考[J]. 图书馆杂志，2009(8)：44-45.

联盟的一次交流会议上，“闽图大学堂”的主持人之一李云雀受邀为参会同行做主持示范。她的主持风格端庄、大方、清新，不但能够以主持人的身份合理掌控讲座的进度和节奏，而且擅长总结讲座内容、引发听众思考、表达对主讲人的敬意、活跃互动交流的气氛、宣传本馆讲座品牌、化解突发的尴尬甚至冲突和危机。例如，著名越剧演员王君安做客“闽图大学堂”时，大量戏迷朋友专程赶来参加讲座，部分听众难以抑制对偶像的热情，开场前将主讲人团团围住，几乎快要影响到讲座的正常进行。此时，李云雀临危不乱，用坚定的语气和不容置疑的措辞向听众喊话，倡导大家通过听讲座表达对偶像的热情，并承诺适度延长提问互动环节，尽量满足大家与主讲人交流的愿望。最终，李云雀和她的同事们凭借丰富的经验平复了“粉丝”的狂热情绪，赢得了听众们的理解和配合，确保了主讲人的安全和讲座的顺利开展。讲座主持有自身的独特性，既不同于文艺演出的主持，也区别于会议主持，既要突出学术文化气息，又要创造良好的交流互动氛围。“闽图大学堂”注重培养主持人的语言能力、组织管理能力和应变能力，而且格外注重提升主持人与主讲人和听众的沟通能力，以真情服务赢得大家的理解、支持与配合。

“以人为本”是图书馆秉持的崇高理念，也是图书馆发展所追求的目标。图书馆讲座在贯彻人文关怀原则时需从提高每一位工作人员的境界入手，不能因为自己在讲座策划和组织工作中具有一定的主导作用而忽略服务意识和服务能力。“闽图大学堂”的成功经验证明，只有珍视讲座的每一个要素，真正将用户的需求与讲座策划组织的各个要素有机结合起来，将真情服务贯彻到讲座的各个环节之中，才能真正做到“以人为本”。

第五节　践行分众服务的“文源讲坛”

山西省图书馆讲座始于20世纪90年代末，当时由山西省图书馆讲座活动小组负责实施。2000年5月，山西省图书馆创办了第一个讲座品牌“星期日讲座”，固定在每周日举办活动，在社会上产生了热烈反响。随着讲座场次、栏目的逐渐增加，山西省图书馆赋予了讲座一个更加响亮的名字——“文源讲坛”，这是以山西省图书馆所在的文源巷命名的。2008年，“文源讲坛”被山西省文明办授予“山西省精神文明建设特别贡献奖”。2013年7月山西省图书馆搬迁至长风新馆，2014年文源巷旧址获批改扩建为山西省少年儿童图书馆与山西省古籍保护中心，而“文源讲坛”已经成为尽人皆知的文化品牌。

图3-11　2000年山西省图书馆“星期日讲座”现场

经过20多年的发展，“文源讲坛”形成了面向大众的“星期日讲座”，面向中学生的“暑期系列讲座”，面向网友的“网上公益课堂”，面向创业者和毕业生的“自主创业培训系列讲座”，面向领导干部的“山西省领导干部历史文化讲座”等。从中不难看出，“文源讲坛”在讲座策划中格外重视针对不同用户推出不同的选题和内容，来满足用户多样性的文化需求，即所谓的分众服务。为此，必须通过研究分析等方法熟知用户的需求。如果不了解用户需求而盲目策划讲座，被动等待用户上门，就无法提升讲座的品质，达到传播知识文化的效果。

一、针对领导干部的学习需求举办历史文化讲座

图书馆要通过一场讲座或者一个系列讲座的策划吸引哪些人群，如何确定目标用户，这是馆员在策划讲座时应当首先考虑的问题。从根本上说，这是由公共图书馆满足公众多样文化需求的服务理念和追求所决定的。国家图书馆承办的“部级领导干部历史文化讲座”是国内图书馆讲座分众服务的成功案例。山西省图书馆也开辟了一块领导干部学习的园地，即“文源讲坛·山西省领导

干部历史文化讲座”，旨在提高全省领导干部尤其是厅局级领导干部的理论素养与知识水平，拓宽视野、更新知识，搭建领导干部继续教育、终身学习的平台。

2006年，山西省图书馆将开办“文源讲坛·山西省领导干部历史文化讲座”的设想汇报上级机关，并提出由主管人事干部的省委组织部、主管宣传的省委宣传部、主管机关党委的省直工委和省文化厅联合主办讲座，由山西省图书馆承办。2007年6月，“文源讲坛·山西省领导干部历史文化讲座”举办了首讲活动，随即在全省党政机关掀起了学习的热潮。讲座成功推出后备受重视，省委书记、省长、省政协主席等领导多次担任讲座主持人。2008年，山西省四大领导班子决定改变往常春节后互相拜年的原有方式，在春节后的第一个工作日举办了2008年第2期“文源讲坛·山西省领导干部历史文化讲座”，近400名厅局级领导干部齐聚一堂，以学习的方式共度新春①。

图3–12 “文源讲坛·山西省领导干部历史文化讲座”现场

针对领导干部学习和工作的需要，“文源讲坛·山西省领导干部历史文化讲座”将选题细化为五类。

（1）我国历史与传统文化。例如，北京大学教授邓小南主讲“‘祖宗之法’与北宋政治”，北京市社科院研究员阎崇年主讲“康熙盛世的历史经验”，故宫

---

① 李红，石焕发. 文源讲坛·山西省领导干部历史文化讲座综述[J]. 晋图学刊，2009（6）：84–91.

博物院院长单霁翔主讲“留住民族文化的‘根’与‘魂’——我国文化遗产保护的现状与展望”等。馆员在策划此类讲座时还特别注重结合当下热点，如在2008年全国法定节假日调整后迎来第一个“小长假”——清明节假期之际邀请北京大学教授高丙中主讲“清明节的复兴对中国社会文化的意义”，在汶川地震发生后全国人民万众一心、共克时艰的关键时刻邀请北京大学教授夏学銮主讲“中华民族的人文精神”。

（2）经济形势与时政。例如国家统计局总经济师姚景源主讲“中国宏观经济分析”，国家发改委经济研究所研究员王小广主讲“2009年宏观经济走势及政策取向”，中国人民大学教授金元浦主讲“转型时期的文化软实力”，中国人民大学公共管理学院教授毛寿龙主讲“国家战略调整的相关问题分析”，北京师范大学教授刘勇主讲“文化的地域性与文化创新”等。

（3）国际形势与中国外交。例如资深外交官、外交学院教授吴建民主讲“吴建民眼中的世界外交风云”，凤凰卫视时事评论员杨锦鳞主讲“中国的大时代——世界看中国”等。

（4）科学普及与文学艺术。例如中国科技馆原馆长王渝生主讲“科学的昨天、今天和明天”，中央音乐学院教授周海宏主讲“走进音乐的世界——兼谈艺术在人类生活中的意义”，作家王蒙主讲“文学的启示”，作家二月河主讲“历史的真实与艺术的真实”等。

（5）山西特色。例如复旦大学图书馆馆长葛剑雄主讲“从历史地理看晋商和徽商的兴衰”，清华大学教授李学勤主讲“中华文明的起源与山西”，山西大学教授行龙主讲“水资源与山西社会变迁”，著名古建筑专家罗哲文主讲“建设‘形神兼备、和谐完美’的城市文化”。

从这些选题可以看出，“文源讲坛·山西省领导干部历史文化讲座”的内容广泛、厚重、重点突出，并且紧密结合领导干部的需求，在服务领导干部学习方面充分发挥了图书馆的社会教育职能，不但提高了领导干部的学识和素养，而且直接或间接地影响着他们的工作决策，对于社会发展起到了积极作用。

二、从古琴讲座到新年古琴音乐会

讲座分众服务需要从多种角度锁定目标用户，可以从用户的年龄、职业、学科领域等各个角度考虑，而不同的用户群之间往往存在重合、交叉，每一类用户群的需求又是多样的，这就要求馆员认真调查研究用户需求，将用户需求的大众化和分众化结合起来，提高讲座策划组织的专业水准。“文源讲坛”正是在实践中不断探索不同用户群体的需求，使讲座的分众服务落到实处。2004年元旦，“文源讲坛”举办了“中国古琴文化赏析”专题讲座，主讲人不仅以图文并茂的形式讲授古琴的历史文化知识，还现场演奏了经典曲目。这场讲座赢得了来自社会各界的热烈反响，甚至远超馆员在策划时的预期，使馆员深刻意识到公众对于传统文化的需求之旺盛。为此，“文源讲坛”开展调研，认真分析这场讲座火爆的内在原因。民国时期山西执政者阎锡山推崇古琴、倡导雅乐，全国诸多古琴名家齐聚太原，习琴、听琴之风日盛，古琴艺术在山西呈现出一时的繁荣景象。之后的几十年里，山西琴事、琴人一度处于沉寂状态。进入21世纪，随着社会文化的发展，特别是传统文化的复兴，古琴在这片古老的土地上重新开始焕发生机。“文源讲坛”举办古琴讲座正逢其时，不但顺应了文化发展的趋势，而且主动承担起普及古琴艺术的推手角色。

2005年元旦，山西省图书馆联合创建于1946年的唐风琴社，精心策划举办首届新年古琴音乐会，又一次大获成功，以实践证明了古琴艺术在三晋大地上复兴的强大生命力。从这时起，新年古琴音乐会成为“文源讲坛”每年元旦的固定活动，经过15年的发展已经成为山西省图书馆的阅读推广品牌项目之一。随着这项活动的策划组织经验逐年增长，音乐会的内容和形式也越来越丰富多样，现在已不再是单一的古琴演奏，而是多种民乐门类结合书法、绘画、吟诵、茶道等传统文化元素的综合性艺术展示，充分满足了公众对于传统文化的强烈需求。新年古琴音乐产生的社会影响力吸引了更多文化机构参与其中，2020年元旦，“书香琴韵——山西省图书馆第十五届新年古琴音乐会”由山西省文化和旅游厅指导，山西省图书馆、山西唐风琴社主办，山西省古琴协会、山西省古琴文化研究会协办，同时也有更多的琴社和艺术家参加演出。本次音乐会还通过网络直播惠及全国古琴艺术家和传统文化爱好者。

中国传统文化在中华民族复兴进程中重新焕发生机，“文源讲坛”以分众服务探索打造出新年古琴音乐会这一品牌项目，将“阅读+音乐”融入场馆空间，将传统高雅的古琴艺术送到传统文化爱好者身边，同时让越来越多的公众爱上古乐之美、爱上传统文化。基于古琴讲座、古琴音乐会的成功经验，山西省图书馆联合山西省古琴协会于2020年7月推出“左琴右书——走近非遗古琴公益普及计划”的第一期培训，面向热爱传统文化、喜欢古琴艺术、希望通过学习古琴亲近中华优秀传统文化的人们，传授古琴历史文化、古琴基础指法、古琴减字谱识别、古琴入门与初级琴曲、古琴名曲鉴赏等知识与技能。

图3–13　“文源讲坛”2020年新年古琴音乐会

三、关注少年儿童成长，举办少儿讲座和家长讲座

少年儿童是图书馆讲座的重要用户群体，大型公共图书馆大都设有少儿馆或少儿部，开展丰富多彩的讲座服务是其业务的重要组成部分。山西省图书馆少儿馆自成立时起便推出了少儿讲座，讲座选题重在艺术、文学、科普、健康等领域，并打造出“桐叶”这一讲座品牌，旗下包括“桐叶艺术讲座”“桐叶健康讲座”“桐叶故事会”等系列活动。山西省图书馆少儿讲座结合不同年龄阶段孩子的特点，将“大讲座”与“小课堂”结合起来，充分调动孩子们的积极性。社会上形形色色的少儿讲座，大多由家长陪同孩子一起参加，但山西省图书馆独具创意地细化分众，在举办少儿讲座的同时也举办家长讲座，将孩子和家长分开参加活动，为家长举办家庭教育方面的讲座，备受家长欢迎。这一服务可以避免家长因陪同、等待孩子而耗费自己的时间，让他们充分利用这段时间加强自身学习、提升自己；孩子们不但在讲座中学习到知识和技能，而且

在暂时离开家长的学习环境中锻炼了自理能力、表达能力和交际能力。

除此之外，“文源讲坛”的其他系列讲座也都各有主要用户群体。例如平遥国际摄影大展是一个具有中国传统文化特色的国际摄影展，是山西的文化名片，每届大展都有数百名来自世界各地的优秀摄影师和摄影机构参展，更有来自世界各国各地十多万专业摄影家和业余摄影爱好者前来观看展览和参加各项活动。山西省图书馆不但举办了历届优秀作品展，而且面向摄影家和摄影爱好者举办相关讲座，为特定用户群体提供精准服务。

2013年山西省图书馆长风新馆开馆，拥有了更大的空间和更好的环境。为了吸引公众尽快熟悉新馆、利用新馆，“文源讲坛”邀请了众多名家前来开讲，产生了很好的效果。“文源讲坛”通过不断创新去实践分众服务的理念，把分众服务做实做透，这正是其成功的要诀之一。

第四章　新时代图书馆讲座的融合发展

第一节　“讲座+诵读”：新媒体环境下的图书馆经典阅读

互联网的发展推动着新媒体的繁荣，从而改变了知识信息传播的效率、规模和范围，为人们提供了随时随地自主学习的新方式。新媒体虽然在一定程度上冲击了图书馆的传统业务，但也为用户带来海量的学习资源和平等的学习权利，而这正是图书馆所追求的崇高理想。特别是借助于新媒体发布音视频课程，提高了用户对碎片化时间的利用效率。作为国内音频分享平台代表的喜马拉雅，2020年其网站的公司简介栏目显示，手机用户已经超过6亿，将服务内容定位为“听书、听课、听段子”。其中，听书、听课都与图书馆紧密相关，直接启发了图书馆讲座的创新思维，促进了图书馆服务理念和服务方式的转变。上海图书馆、首都图书馆等多家图书馆都在喜马拉雅平台开设了自己的讲座频道，同时也将抖音、微博、微信公众号等其他新媒体平台作为图书馆讲座的传播途径。与这些把讲座直接搬到线上的方式不同，国家图书馆“文津经典诵读”项目则从讲座出发逐渐衍生出一个经典阅读的综合体，成为新媒体环境下图书馆讲座融合发展的典型案例。

国家图书馆各讲座品牌都举办了大量古诗词讲座，积累了许多音视频资源。随着网络技术的发展，这些资源先是被上传到国家图书馆门户网站、全国文化信息资源共享工程网站，开拓了“在线讲座”的服务方式。当新媒体开始受到人们欢迎之时，这些资源又被剪辑成为“微讲座”，以适应新媒体传播短视频的需求。无论以何种形式传播，古诗词始终是最受公众欢迎的讲座主题之一。

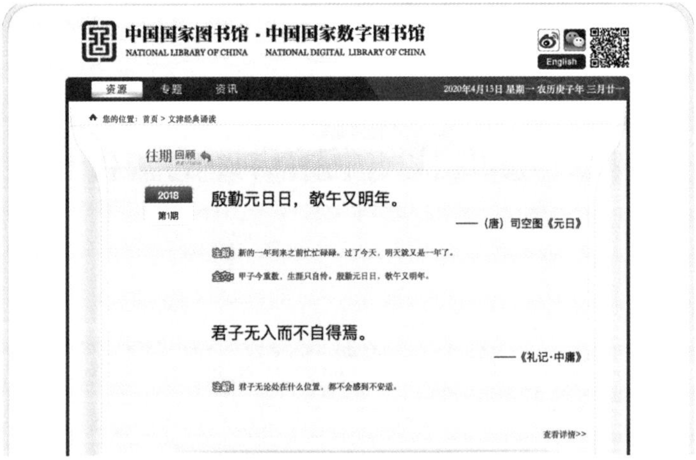

图4–1　国家图书馆门户网站“文津经典诵读”页面

在此基础上，国家图书馆于2012年8月1日专门针对网络和新媒体服务推出了新的阅读推广项目“文津经典诵读”，通过国家图书馆门户网站、国家图书馆官方微博、国家数字图书馆手机客户端及后来的国家图书馆微信公众号每日推出一首经典诗词和一句美德格言，同时配合由馆员、专家、朗诵艺术家录制的朗诵音频以及译文、音乐、美图、馆藏文献、关联知识等多种元素，结合系列讲座、网上读诗、诗歌吟诵会、诗词有奖竞答、古诗词原创作品征集与展览等丰富多样的线上线下活动方式，很好地适应了新媒体传播的特点。“文津经典诵读”从启动至2020年7月31日的八年中，总计推送古诗词和古代格言近6000首（句），对于提升读者的人文素养、陶冶高尚的道德情操、传承优秀传统文化、推动文化创新起到了很好的作用。图书馆界对于线下的诵读活动并不陌生，许多图书馆都开展了此类活动，而“文津经典诵读”项目为图书馆界提供了线上诵读项目的成功经验，在网络和新媒体技术迅速发展的环境下具有很强的借鉴意义。

一、如何借助新媒体平台开展线上诵读活动

通过考察“文津经典诵读”项目，可以总结出开展线上诵读活动的具体运作方法。

（1）遴选文本素材

“五千年文化，三千年诗韵”，从浩如烟海的文献中选择经典诗词、语句并

非易事。哪些诗句才算经典？这是馆员首先要解决的问题，也是需要馆员达成共识的问题。“文津经典诵读”项目在实践中遴选了大量能够让今天的人们产生情感共鸣的文本，它们或描写理想志向、风物人情，或抒发家国情怀、思绪感悟，或激励人们珍惜时光、奋发有为，或歌颂亲情、友情、爱情。这样的文本才符合国家图书馆原馆长詹福瑞先生提出的经典标准，即具有传世性、普适性、权威性、耐读性和累积性。其次，在千百年的流传中，部分经典出现了不同版本，因此文本的遴选还要注重出处。既要参考当今被学界和大众广泛认可和接受的古诗词鉴赏书籍，更要发挥图书馆的优势，运用好古籍文献、古籍数据库，兼顾文本的准确和最优。

（2）录制诵读音视频

音频是线上诵读活动的重要组成部分，配合精美视频更有利于提高线上诵读的观赏性和吸引力。在“文津经典诵读”项目中，笔者曾负责文本遴选，同事于茜负责录制音频，二者属于项目流程的上下游关系，每个月笔者确定文本内容后便交由于茜进行录音。由于于茜读大学时学习的是播音主持专业，因此录制的音频效果非常好，不但具有艺术美感，而且经常与笔者沟通读音问题以确保准确无误。同时，“文津经典诵读”还邀请古典文学专家、艺术家及公众人物录制诵读音频或拍摄诵读视频，用于线上线下一些特殊活动，起到专家引导公众的良好效果。在为北京大学中文系教授钱志熙拍摄视频时，钱志熙老师谦虚地提出自己的普通话不够标准，并别具创意地提出可以用方言吟诵，因为方言吟诵从民间歌谣中汲取了养分，更具古人吟诵的韵味，其古风古韵能够带领听众穿越千年，更好地领略古典文学的魅力。专家的建议给予了馆员新的启发，自此馆员开始有意识地积累不同形式的吟诵素材，这些素材成为“文津经典诵读”项目的珍贵资源。例如，笔者策划的“不到园林怎知春色如许：昆曲艺术赏析”系列讲座，由石小梅、孔爱萍、李鸿良等著名昆曲表演艺术家、梅花奖得主为听众导赏经典剧目，他们示范的演唱和念白中不乏名句名篇，留下了具有高超艺术水准的诵读素材。而艺术家对作品的解读和赏析则带领听众深入感受文本之美，孔爱萍老师在讲解《牡丹亭·游园》时特别阐述了《山坡羊》唱段前念白中的七个“春”字，它们随着杜丽娘的情绪递进而应在诵读中采用不同的表现方法。这些讲座大大提升了“文津经典诵读”的艺术层次，加强了学习的深度。

（3）配合音乐、图片、动画等素材

为增强线上诵读的观赏性，馆员还需要选择适合的音乐、图片或动画来营造古色古香的气氛。需要注意的是，这些素材不可以从网络上随意下载使用，而要从合法、规范的素材库中选取，有时还要付费购买素材。只有这样才能够有效避免侵权行为的发生，远离知识产权纠纷。在素材的取舍方面，需要馆员具备较高的审美能力和对文本的理解能力，例如“文津经典诵读”项目推送的中国古典诗词大多配合中国古典音乐或古风音乐，描写春花秋月的诗词需配合舒缓的音乐，而表现金戈铁马的诗词则需要配合铿锵有力的音乐。再如，在2016年“文津经典诵读”世界诗歌日吟诵会曾邀请多国在华留学生朗诵本国经典诗词，彩排时曾获得“汉语桥”总冠军的俄罗斯留学生大卫要求不要使用《莫斯科郊外的晚上》《喀秋莎》等曲目为自己朗诵的普希金诗歌配乐，因为它们在年代和风格上并不相符。只有在工作实践中，馆员才能够更多地积累这些知识和经验。

（4）配合译文、关联知识、馆藏链接等延伸阅读资源

延伸阅读是线上诵读的重要功能，也是图书馆讲座、展览、诵读等各项阅读推广工作所追求的目标。高质量的译文可以帮助公众深入学习、理解经典原文，如采用已有译文应注明出处，尊重译者的研究成果。“文津经典诵读”则重做译文工作，既学习前人之长，又积累了新的资源。“文津经典诵读”项目提供的关联知识主要是相关的节日、节气、季节、纪念日等时间点的历史文化背景介绍，这些内容可以发掘古典诗词和古代格言的生活实用性和趣味性，从不同角度展现传统文化，带给公众深度思考和人文情怀。此外，馆藏链接是线上诵读不可缺少的延伸阅读要素，可以帮助用户便利地找到原文以进行阅读、学习和研究。

（5）线上发布

在准备好以上各种素材之后，馆员就可以按照计划进入资源的线上发布环节。在发布平台方面，图书馆的门户网站是重要的阵地，但通常只有检索图书的读者才会登录图书馆门户网站，相比之下新媒体平台更具传播优势。“文津经典诵读”项目主要运用国家图书馆微博、微信公众号等新媒体平台推送内容。目前，新媒体正处于迅速发展过程中，以发布视频为主的抖音等新平台大有后发赶超之势，也可以成为线上诵读的新渠道。

二、“文津经典诵读”项目的成功经验

“文津经典诵读”项目除总结出一套线上诵读的操作方法之外，还在实践中积累了自身的成功经验，值得进一步研究、思考、借鉴和应用。

（1）立足经典阅读、传播传统文化

近年来，传统文化的热潮不断升温，例如中央电视台以“赏中华诗词、寻文化基因、品生活之美”为基本宗旨的《中国诗词大会》节目“走红”，成为“现象级综艺”。这说明大众对传统文化与经典阅读有强烈的渴求，也说明经典能够跨越时间的长河不断焕发出其魅力，体现出民族文化的永恒价值。近年来，部分图书馆组建了自己的朗诵团，例如上海图书馆的“上图朗诵团”、天津图书馆的“读者朗诵艺术团”、浙江图书馆的“文澜朗诵团”、杭州图书馆的“市民朗诵团”、秦皇岛图书馆的“少年朗诵团”等，经典文学作品是朗诵内容的重要组成部分。还有一些图书馆结合传统节日举办朗诵会，使经典文学作品与时令文化紧密结合起来，例如福建省图书馆、山西省图书馆、深圳图书馆、廊坊市图书馆等举办的端午节朗诵会、中秋节朗诵会。经典阅读是图书馆阅读推广服务的重点，图书馆开展经典诵读项目适应了大众文化需求的发展趋势，一方面有利于优秀传统文化的传承，另一方面也为生活在高速运转的社会中的人们带来精神慰藉。

国家图书馆“文津经典诵读”项目的突破点在于，它将经典阅读与新媒体传播有机结合起来，用实践证明在网络语汇流行的今天，国人依然对传统文化中最精致的文字心存向往。

（2）适应新媒体阅读的特点，利用碎片时间推动深度阅读

中国互联网络信息中心（CNNIC）第47次《中国互联网络发展状况统计报告》数据显示，截至2020年12月，我国网民规模为9.89亿，手机网民规模为9.86亿，网民中使用手机上网的比例为99.7%[①]。即时通信所代表的移动社交应用已成为手机用户网络生活的重要部分。随着移动终端的普及和移动应用的开发，2019年中国移动社交用户规模达8.62亿。移动社交成为网民生活常态，

---

① CNNIC发布第47次《中国互联网络发展状况统计报告》[EB/OL].[2021-02-03]. http://cnnic.cn/gywm/xwzx/rdxw/20172017_7084/202102/t20210203_71364.htm.

庞大的移动社交用户规模也意味着更多的市场可能性[①]。中国新闻出版研究院发布的第十七次全国国民阅读调查报告显示，2019年我国成年国民包括书报刊和数字出版物在内的各种媒介的综合阅读率为81.1%，数字化阅读方式（网络在线阅读、手机阅读、电子阅读器阅读、Pad阅读等）的接触率为79.3%[②]。微博、微信、头条、喜马拉雅、抖音等新媒体已经在人们的阅读生活中扮演了非常重要的角色，而手机则成为新媒体阅读的第一工具。因此，图书馆的阅读推广服务已经不可能忽视新媒体而固守线下项目，只有主动研究、适应新媒体阅读的特点，才能够跟上公众文化需求变化的脚步。

“文津经典诵读”的新媒体推送渠道包括国家图书馆官方微博、微信公众号、手机客户端等。古典诗词和古代格言精练简短，与新媒体阅读的碎片化特点相契合，同时辅以高质量的译文、诵读音视频、图片和音乐，帮助读者深入理解、品味经典的内涵、美感和意境。读者不需要太多时间就可以方便地阅读和学习，甚至不需要用眼睛阅读，只要用耳朵聆听就可以深入学习。这说明数字阅读并不一定等同于所谓的“浅阅读”，数字阅读也可以读得深。周国平曾指出：“纸质产品和数字化产品只是形式不同，关键在内涵，从网络上读孔子和柏拉图与从纸质书上读没有本质区别。……以我之见，阅读就是阅读，世上并无浅阅读，所谓浅阅读不是阅读。”[③]通过微博、微信、手机客户端推送的古诗词虽短，但是这种方式促进了对经典作品的深阅读；而用户看娱乐视频、真人直播秀、“八卦”、“段子”再长，也根本不是阅读。

（3）采用“日报式”推送方式，持续培养用户的阅读习惯

自2012年开办以来，“文津经典诵读”通过前述多种新媒体渠道每天推送一首经典诗词和一句古代格言，几乎没有重复，以时间的持久来培养用户的阅读习惯。但这也使得读者熟悉的名篇基本都已推送过，内容选择的难度越来越大。但馆员以专业水准和钻研精神继续深入发掘馆藏文献，在用户未必熟悉的

① 5G等驱动移动社交加速发展2020年用户规模突破9亿人[EB/OL]. [2020-03-23]. http://science.china.com.cn/2020-03/23/content_41100463.htm.

② 刘彬. 第十七次全国国民阅读调查结果公布[EB/OL]. [2019-04-21]. http://culture.people.com.cn/n1/2019/0421/c1013-31041115.html.

③ 周国平. 世上并无浅阅读[EB/OL]. [2018-10-28]. http://blog.sina.com.cn/s/blog_471d6f680102dt3t.html.

作品中遴选经典，持续推送新鲜内容，大大拓宽了用户的视野，提高了用户的古典文学水平。

（4）整合运用图书馆自建数字资源，促进呈现方式多样化

在新媒体阅读内容趋向同质化、用户更注重“内容为王”的今天，图书馆讲座资源的优势得到凸显。近年来，图书馆不但在文献数字化方面取得巨大进步，而且讲座、展览等阅读推广项目的音视频采集和编辑制作能力也大大提高，为衍生品开发和后续传播准备了最重要的条件。虽然“文津经典诵读”推送的文字内容是传统经典，但在展现形式上却重视创新，整合运用大量音视频和图片等图书馆自建数字资源，使传统经典获得了新的生命力。在“文津经典诵读”项目中，古典诗词讲座可以作为延伸阅读帮助公众深入学习、研究古典诗词。知名专家、艺术家在讲座等阅读推广活动中朗诵或吟诵诗句的音视频可以发挥引导作用；珍贵古籍、文物的图片可以提升经典诵读的研究和审美价值；关于节日、节气、季节、纪念日的介绍可以强化经典诵读的氛围和仪式感；馆藏文献链接可以为公众进一步自主学习提供便利。同时，自建数字资源的运用也使图书馆避免了新媒体阅读易于产生的版权纠纷问题。

（5）线上线下相配合，发挥新媒体服务与传统服务的综合作用

“文津经典诵读”本身脱胎于线下讲座，在发展过程中其内容推送与活动推广不拘泥于某种形态，把线上活动和线下活动、新媒体服务和传统服务相结合，加强了图书馆与用户的互动，满足了用户对新媒体阅读的社交性需求，搭建了用户学习、展示、交流的平台，为传统文化的传播与传承注入了活力。

2016年春节，“文津经典诵读”举办线上新春读诗活动，引导用户度过一个充满诗意的书香年。2016年3月21日“世界诗歌日”，国家图书馆举办“文津经典诵读”诗歌吟诵会，旨在弘扬中国传统，展现世界经典，推广诗歌文化，鼓励诗歌朗诵和创作。为加强与用户的互动，活动邀请了艺术家、诗人、外籍友人、学者等不同领域的嘉宾，用多种艺术形态引导读者领略经典诗歌的魅力。

2017年12月，“致敬经典·古韵弥新——‘文津经典诵读’五周年系列活动”开启，22日冬至日，“致敬经典·古韵弥新”古诗词原创作品征集活动启动，25日，“文津经典诵读”五周年回顾展在国家图书馆总馆北区一层开幕。

2018年5月28日，国家图书馆在总馆北区一层举办“致敬经典·古韵弥新”

古诗词原创作品选展。古诗词原创作品征集活动得到了社会公众的积极响应和热情参与，收到原创诗词作品总计500余首。经过评委讨论和大众投票，最终产生了10首“最受读者喜爱的优秀作品”以及10首“最受评委青睐的优秀作品”。这20首优秀作品和5位评委的诗词作品由书法家书写，以书法作品的形式呈现给广大公众。

2019年8月30日，“国图公开课”之“诗词格律十二讲”开课，邀请中国社会科学院研究员陶文鹏、北京大学中文系教授钱志熙、北京师范大学中文系教授过常宝、南京师范大学文学研究所教授钟振振等诗词领域知名专家担任主讲人，为公众讲授古典诗词格律知识与创作技巧，吸引公众与专家一起探索读诗作诗的乐趣。

2020年2月底正值新冠肺炎疫情防控时期，“文津经典诵读”推出以“战疫情”为主题的原创诗词作品征集活动，以此为武汉祈福、为中国加油，表现众志成城、守望相助的中国精神。

图4–2　2016年3月21日“文津经典诵读”世界诗歌日吟诵会

“文津经典诵读”的成功经验对于图书馆运用新媒体开展服务具有示范作用和借鉴意义，同时也大大拓宽了讲座的呈现方式，形成了多样化学习教育方式的综合体，有效提高了知识信息传播的效率，降低了宣传推广的成本，拓宽了文化创意的空间，为图书馆开展新媒体服务提供了很好的参考和示范。

☞小贴士：

组建读者朗诵团是图书馆开展经典诵读项目的有效方法之一，符合当今读者对于阅读的社交性和互动性的需求。朗诵团成员在互相学习、交流中提高文学修养和艺术水平，这有利于推动图书馆文化功能的综合化，使图书馆发展成为城市的文化中心。朗诵团成员与图书馆保持着较高的黏性，馆员可以通过组建微信群等方式开展组织管理工作，引导成员自发宣传图书馆及其服务项目。

第二节　“讲座+网络”：图书馆网络公开课

在公共图书馆网络公开课诞生之初，它在一定程度上借鉴了慕课的模式和经验。慕课（MOOC）是Massive Open Online Course的简称，中文译为“大规模开放在线课程”。2008年唐斯和西蒙斯使用免费的在线服务和工具创建了第一门慕课，2012年慕课引发全球性的关注和参与效应，同年Coursera、edx和Udacity诞生并成为规模最大、最有影响力的三大慕课平台，因此2012年被称为慕课元年。随后，拉丁美洲、欧洲、亚洲、大洋洲的部分国家先后建立并推出了自己的慕课平台。但仅仅几年之后，慕课的发展进入了瓶颈期，其大规模千篇一律的教学方式并不符合学习教育的个性化需求，并且宽进严出的教学特点导致辍学率很高，我国一家慕课机构调查显示，注册的用户中有一半缺席课程，而出席人数中大约只有一半的人能完成课程，也就是说辍学率达75%，宾夕法尼亚大学的研究结果证实，慕课辍学率甚至达到了96%[①]。21世纪教育研究院副院长熊丙奇的调查结果显示，斯坦福大学提供的人工智能课程吸引了16万注册学生，但仅有超过20%的学生完成了课程，麻省理工学院的一项在线开放课程也有近16万人注册，但实际完成课程的只有7157人[②]。

① 辍学率高达75% MOOC们该如何继续？[EB/OL].[2015-09-16]. http://tech.163.com/15/0916/09/B3KGVT5U000948V8.html.

② 校方扎堆建设部分“辍学率”高　高校慕课成长的烦恼[EB/OL].[2017-03-27]. http://media.people.com.cn/n1/2017/0327/c40606-29170226.html.

在这种情况下，SPOC（Small Private Online Course，小规模限制性在线课程）、SOOC（Small Open Online Course，小规模开放在线课程）、MOOR（Massive Open Online Research，大规模开放在线研究课）、MOOL（Massive Open Online Labs，大规模开放在线实验室）、DOCC（Distributed Open Collaborative Course，分布式开放协作课）等新的在线教育模式纷纷涌现，其中有些是对慕课的延伸，有些是对慕课不足的修正，它们共同开启了“后慕课”时期的序幕。

与此同时，我国的公共图书馆公开课则稳步发展，原因在于公共图书馆公开课与慕课之间除大规模、开放、在线的共同点外，还存在本质不同，即公共图书馆网络公开课不具备慕课社会广泛认可的考试与认证功能。即使公共图书馆通过与高校等教学单位的合作而获得向考试合格的用户发放认证的可能，这种认证的效力最终仍是来自教学单位。因此，公共图书馆网络公开课可以借鉴慕课的经验却不能全盘照搬其模式，公共图书馆网络公开课作为一种社会教育方式同样具有非功利性，更类似于在线专题化系列讲座或者说是更加系统化、更具互动性的讲座，可以帮助用户较完整地学习一门知识，但需要依靠用户自主参与学习来实现。这种非功利性也决定了公共图书馆网络公开课从策划到实施各个环节的具体操作。

一、公共图书馆网络公开课的选题

相比慕课而言，公共图书馆网络公开课的选题内容更重视通识教育、素质教育和终身教育，集中在历史、文学、艺术、科普、阅读等领域，这由公共图书馆本身的社会职能所决定，也与公共图书馆讲座的选题方向一致。例如，我国公共图书馆网络公开课的成功范例“国图公开课”定位为以传承和弘扬中华优秀传统文化为核心，强调内容的开放、自由、多元和交融，在2015年上线之初设立了5个栏目，分别是“专题课程”“读书推荐”“特别活动”“典籍鉴赏”“名著品读”。“专题课程”邀请知名专家授课，每门课程设置若干讲，较为完整地阐述相关知识，内容包括“世界古代史”“中国的抗日战争与日本的战后处理”“道法自然　天地同和——论古琴的文化精神”“昆曲”“中国大发明”“丝绸之路与丝路之绸”“汉字与中华文化”等。“读书推荐”邀请国家图书馆“文津图书奖”历年的获奖作者和评审专家为读者推介好书，引导人们阅读有思想内容、有文化品位、有知识含量又有可读性的书。“特别活动”聚焦文化热点，重视时效性，通常在重要纪念日举办，以直播的形式推送。“典籍鉴赏”选取国家图书馆藏珍贵典籍善本，通过纪录片形式将典籍渊源、历史、价值地位等内容呈现给读者和观众。“名著品读”则整合了“国图讲坛”等讲座品牌的优秀内容，以视频的方式推送给读者。随着“国图公开课”内容不断充实，目前栏目已经增至10余个。截至2020年7月底，“汉字与中华文化”“丝绸之路与丝路之绸”“道法自然　天地同和——论古琴的文化精神”三门课程点击量最高，分别为57万、52万和35万人次。

二、公共图书馆网络公开课的内容策划

在很长时间里图书馆讲座大多为单场形式，近年来讲座策划呈现出很强的系列化、专题化特征。其中大部分为每期邀请一位专家担任主讲人，例如“国图讲坛”的“百年辛亥专题研究系列讲座”就是由20位专家各自就辛亥革命时期我国经济、政治、外交、文化、社会生活、历史人物等不同内容进行讲授。同时也存在由一位专家主讲整个系列讲座的情况，例如“上图讲座”曾邀请鲍鹏山先生主讲共18期的系列讲座。

目前公共图书馆网络公开课的内容策划同样存在多种形式，但体系完整、讲授深入、效果较好的课程多为一位专家承担一门课程多期次的讲授任务，亦即“国图公开课”中“专题课程”的模式。为此，在策划一门课程时，馆员要投入大量精力开展研究，阅读相关书籍，请教相关专家，为课程构建起完备的、适于社会公众学习的内容体系。馆员还要深入了解学界动态，努力实现课程内容与主讲人的最佳匹配，从而达到预期效果。例如北京师范大学王宁教授主讲的“汉字与中华文化”共10讲，内容涉及汉字起源、汉字的性质与特点、汉字字体的演变、汉字与文化的关系、汉字的结构和字理、汉字的书写规则与书法艺术、汉字改革和繁简字问题、信息时代的汉字规范、汉字与现代社会、汉字科学与汉字教育等多个方面，形成了完整的知识体系。再如，福建省图书馆正谊书院的“国学公开课”推出的课程中“遇见最美宋词”（共10讲）、“《论语》精选一百句”（共10讲）、“《孟子》精选十章”（共10讲）、“《诗经》精选四十首”（共10讲）、“唐诗宋词三十首”（共10讲）、“《古文观止》精选”（共20讲），每门课程都由一位专家担任主讲人，福建省图书馆研究馆员杨瑞英在策划时同样考虑到把内容讲深讲透、风格一以贯之的教学目标。

图4–3 福建省图书馆正谊书院网络公开课页面

三、充分运用馆藏资源为课程绘制知识地图

与讲座不同，公共图书馆网络公开课的显著特点之一便是围绕课程内容构建相对完整的知识体系。目前，开展网络公开课的公共图书馆大多有意识地在课程网页上关联了一些馆藏文献及在线展览、在线讲座等资源，但这些栏目仍然属于碎片化知识的罗列。公共图书馆要大力发展网络公开课，优势在于可立足馆藏资源建立深度链接，实现课程与馆藏图书、论文、期刊、报纸、多媒体、数字资源等多种资源的关联，帮助读者建立较为完整的知识体系。英国著名情报学家布鲁克斯（B. C. Brookes）在情报学界首先提出了运用认知地图原理组织知识的设想，他的愿望是，按知识的逻辑结构找出人们思维的相互影响的链接点，把它们像地图一样标示出来，展示知识的有机结构。知识地图不但可以为用户提供更便捷的学习路径和导航指引，而且可以完善馆藏文献信息资源结构，提升用户的知识存储量和更新速度，促进知识传播。例如，国家图书馆门户网站的“文津搜索”功能，只要输入关键词就可以获得图书、论文、词条、多媒体、期刊、报纸、数字资源等各种类型文献的检索结果。公共图书馆

网络公开课可以参考“文津搜索”，为课程绘制知识地图、知识树乃至知识网，利用知识关联的思想对文献信息资源进行深层次的组织加工。

四、开发课程的在线互动和交流功能

图书馆讲座服务之所以获得公众的普遍欢迎，重要原因之一就是其现场的互动性和交流性较强。相对于传统的借阅服务而言，图书馆讲座以人作为分享知识的主角，以语言交流作为分享知识的媒介。讲座的这种魅力也吸引了乐于互动交流的用户参与其中，特别是在提问环节，听众总是格外踊跃，气氛也更加热烈。有效的学习离不开良好的课堂互动，网络公开课不应该因为处于网络空间而忽略互动性。

但受到网络空间环境和技术条件的限制，网络公开课的互动和交流不如线下那样直接、即时。公共图书馆网络公开课采用录播方式较多，直播方式较少。录播课程的优点是制作精良，但只有参与现场录制的听众才有机会直接与主讲人互动。由于主讲人在课程录制完成后较少参与后续工作，所以即便具备留言、评论、弹幕等功能，也难以实现网络用户与主讲人的问答互动。直播课程的互动性比录播课程有所增强，但仍然达不到线下讲座的效果。因为直播课程的网络用户数量巨大，有时甚至达到数万或数十万，并且各自处于不同物理空间，所以大多数直播平台只能够实现网络用户以文字方式与主讲人互动交流，主讲人看不到用户，无法通过用户的眼神、表情、肢体语言等获得反馈，这些因素都会影响到互动交流的效率和效果。为此，馆员需要积极采取一些措施，尽力提高网络公开课的互动性。就录播课程而言，馆员可以邀请主讲人在课程结束后继续参与后续工作，由馆员整理归纳网络用户提出的问题交由主讲人集中解答，然后再通过网络回复用户。对于直播课程来说，在直播现场安排馆员协助主讲人关注网络用户的提问和互动情况十分重要，既可以避免主讲人错过互动文字，又可以防止主讲人因关注互动文字而影响讲授的流畅度。如果说公共图书馆网络公开课应该在哪些方面向慕课借鉴、学习，那么互动性应该占第一位。只有主讲人与网络用户之间有问有答、有充分且良好的互动交流，才是成功的网络公开课。

五、妥善解决版权问题

解决版权问题是图书馆网络公开课实现长远发展的重要条件之一，为此馆员需要了解关于版权的法律法规，具备版权保护意识。一方面，要注意网络公开课制作的过程中所使用的图片、音乐、视频等课件素材以及深度链接所关联的图书、论文、多媒体、期刊、报纸、数字资源等文献资源的版权问题，在课程发布之前做好版权清查工作，确保课程内容和资料运用不侵犯他人的合法权益。另一方面，要依照相关法律法规做好主讲人授课内容、视频使用、课件使用等授权工作，并严格控制使用的范围和边界，在传播和共享过程中主动保护主讲人的合法权益。

六、积极开展资源共享

公共图书馆网络公开课依托丰富的馆藏文献资源和积累多年的社会教育资源，自主策划开发了一批精品课程。这既丰富了公共图书馆的自建数字资源，也更好地发挥了公共图书馆的社会教育职能，打造了独具特色的文化品牌。但总体而言，我国公共图书馆网络公开课受多方面条件限制，除少数图书馆有能力推出优质课程之外，许多课程建设仍处于较低水平，甚至只是将本馆举办的公益讲座视频剪辑成若干段落后发布在网络上，缺乏体系性与互动性。因此，在业界合作方面，图书馆网络公开课既要加强馆际间的资源共建共享，更要通过资源共建共享带动全国公共图书馆提高课程开发与策划、教学组织与服务等方面的能力，在合作中探索制度化的管理模式和体系化的长效机制。网络公开课本身就带有开放、共享的鲜明特色，并非一家之事或一个行业的事，公共图书馆网络公开课的发展不仅要依托业界的资源合作共享，还要最大限度地利用和分享其他行业的资源，避免重复建设，提高课程质量与服务水平。

社会公众对于公共图书馆推出的优质网络公开课有着巨大的需求。“国图公开课”上线后仅8个月内即发布课程913种，页面点击量达到224万。在“国图公开课”的建设过程中，国家图书馆充分调动资源，发挥图书馆自身的优势，做出了很好的示范。首先，宏富的馆藏文献资源为“国图公开课”提供了充足的素材，这是其他机构慕课无可比拟的独特优势。“国图公开课”重视课程与文献的结合，通过发挥馆员的策划能力、文献挖掘能力、参考咨询能力及阅读推广能力，将这些文献资源揭示给读者，使读者不仅可以在课程学习中较为系统地掌握知识，并且可以在课程结束之后继续阅读相关文献，以便进一步深入研究。“典籍鉴赏”“读书推荐”两个栏目则直接与馆藏文献资源紧密相关，一古一今，独具特色，彰显出图书馆揭示文献、传播文化的使命。“国图公开课”立足于馆藏文献开展资源建设，在一定程度上对读者自学起到了启发和引领作用，有利于长效学习机制的建立和教学效果的提高。其次，国家图书馆为“国图公开课”开辟了专用演播室，确保了课程的录制效果，有利于课程保持风格协调一致及塑造品牌形象。同时，以专业的设备和技术人员确保了课程录制的精良品质，在视频的后期制作过程中大量运用现代化呈现手段，力争“让书写在古籍里的文字活起来”。再次，注重与既有阅读推广项目结合。2015年，在国家图书馆第十届文津图书奖颁奖活动上启动了“国图公开课”，可以说从创立之时起就力求避免形式上的单一。在发展过程中，“国图公开课”始终注重与讲座、展览、演出、读书会、文津图书奖、世界读书日等其他阅读推广服务项目相结合，以立体多样的形式向读者传递丰富的知识信息。

据不完全统计，“国图公开课”上线后的4个月内共计媒体原发报道107篇，重要网络媒体转载报道157篇。特别是在抗日战争胜利70周年之际推出的“抗战十讲”专题课程，有60多家媒体进行了报道或转载，《人民日报》《光明日报》《中国文化报》等多家报纸进行了深度报道；国际广播电台用日语、意大利语和越南语采访对外播出；北京电视台、中国教育电视台、央广新闻中国之声、文艺之声等多家媒体进行了大规模宣传。2018年底，国家图书馆与人民网深度合作，在人民网公开课频道发布“国图公开课”系列课程，实现了优质内容在权威信息发布平台的立体化推送。借助人民网公开课的运营平台，“国图公开课”为全国29个省市500余所高校，110余万名注册学生及11000余名教师提供教学服务。“国图公开课”通过国家图书馆的手机客户端、官方微博、微信公众号等新媒体进行推广，适应读者新的阅读习惯和阅读方式，提高了服务的便捷性。2019年1月1日，“学习强国”学习平台在全国上线，“国图公开课”栏目中发布了大量“国图公开课”和国图讲座作为学习资源，并将之细分为政治历史、传统文化、典籍解读、经济论坛、艺术鉴赏、科技讲座、非遗讲解、教育学堂、生活课堂、其他专题等类别。

国家图书馆还发起“图书馆公开课网络直播”，联合全国21家省级公共图书馆共同举办，利用现代化网络技术，实现传统讲座的在线直播与网络互动，以丰富社会公众可获取的优秀文化资源，打造“互联网+”环境下的全民学习氛围。“图书馆公开课网络直播”为全国公共图书馆举办公开课提供了现实条件，成为业界共有的网络公开课品牌，越来越多的图书馆借助这一平台推出了自己的公开课。

☞小贴士：

图书馆网络公开课不仅可以邀请各界专家、学者担任主讲人，还可以推出“馆员课堂”，由馆员面向社会公众讲授图书馆的历史、建设、资源、使用等内容，同时面向业界同行在理论研究、工作实践、创新思考等方面开展交流。2020年6—7月，山西省图书馆学会和山西省图书馆联合举办了“馆员直播课堂”，全省各图书馆馆员均可报名参加。“馆员直播课堂”为广大馆员提供了展示业务素养的平台，有利于加强图书馆业务建设、营造学术研究氛围、促进人才培养以及提升图书馆服务水平。

第三节　“讲座+文旅”：图书馆研学旅游

无论是在缺乏讲座场地的困难时期，还是在拥有现代化报告厅的今天，公共图书馆讲座从未局限于“阵地战”，而是积极主动走向社会，把讲座办到学校、社区、机关、企业、军营、监狱等一切可能的地方。随着文化与旅游的融合发展趋势日益增强，公共图书馆讲座继续突破自我，不但要在地点上有所变化，更要在形式上创新，改坐而论道为学习于游走天地的过程中，即开展研学旅游。

研学旅游，又称游学、修学旅游、研学旅行，即“读万卷书，行万里路”的过程，它是一种学习和教育方式，也是一种阅读方式。研学旅游既不是单纯的旅游也不是单一的学习和研究，它的内容包括了学习、观摩、交流和游览，介于“学”与“游”之间，同时又融合了“学”与“游”。它将参与者置于一种主动探究、解决问题的学习状态，引领参与者体验生活，增长见识，发展能力，实现知识的拓展和延伸。随着人们精神文化需求的增长、应试教育向素质教育的转变以及终身教育的发展，研学旅游以其独特的学习教育优势得到人们的认可与青睐，成为当代教育的新内容和新方式。

近年来，国家多次出台相关政策，支持、促进研学旅游的发展，国务院办公厅《国民休闲旅游纲要（2013—2020年）》和《国务院关于促进旅游业改革发展的若干意见》、教育部《中小学学生赴境外研学旅行活动指南（试行）》、教育部等11部门《关于推进中小学生研学旅行的意见》、国家旅游局《关于公布首批“中国研学旅游目的地”和“全国研学旅游示范基地”的通知》、中共中央办公厅、国务院办公厅《关于实施中华优秀传统文化传承发展工程的意见》、《文化部“十三五”时期文化产业发展规划》等文件均对研学旅游的发展给予了高度关注。2017年教育部《中小学综合实践活动课程指导纲要》将研学旅游列入义务教育和普通高中必修课。2018年3月，文化和旅游部的组建从国家顶层设计上实现了文化与旅游的有机融合。

在这种背景下，公共图书馆在讲座、展览等项目基础上开展研学旅游服务，“图书馆界开始认识到研学旅游服务作为图书馆社会教育、阅读推广组成部分的重要性”[①]。研学旅游是综合性的实践活动，其策划实施具有很强的科学性和规划性，具体流程可以总结如下。

一、确定研学旅游的目标

公共图书馆开展研学旅游项目首先要确定目标，即明确通过举办研学旅游项目满足用户的哪些文化需求。《关于推进中小学生研学旅行的意见》指出：开发研学旅行活动课程要“立意高远、目的明确”，各地各校要结合本地域情、校情、生情，根据小学、初中、高中不同学段的研学旅行目标有针对性地开发自然类、历史类、地理类、科技类、人文类、体验类等多种类型的活动课程，要突出祖国大好风光、民族悠久历史、优良革命传统和现代化成就。

公共图书馆研学旅游的用户范围远大于中小学生研学旅游，因此其目标也更为宽泛，总体而言可从两种角度来制定。一是“请进来”，即馆员组织用户走进图书馆，利用图书馆的资源和文化氛围满足用户的文化需求。例如，国家

---

① 金龙．文旅融合背景下公共图书馆研学旅游服务创新策略[J]．图书馆工作与研究，2019（5）：123-128.

典籍博物馆自2016年起开展的“经典·悦读”亲子文化活动，目标就是吸引青少年和家长一起走进典籍博物馆，了解古代典籍和传统文化的魅力，爱上书籍，爱上阅读，以达到陶冶情操、增长见识、提升综合素养的目标。二是“走出去”，即馆员发挥图书馆优势，带领用户到图书馆以外的其他地方、单位、场馆游览、参观、学习。例如，国家图书馆的“阅读之旅·北京中轴线”活动的参与者中既有2岁的小朋友、也有78岁的老人，中间各个年龄层皆有覆盖，他们从事的职业不尽相同，但都能够通过研学旅游深入了解北京中轴线这一我国重要文化遗产，探寻中国传统文化的深刻内涵，体味古都北京的无穷魅力。

图4–4　国家图书馆“阅读之旅·北京中轴线”项目

二、遴选研学旅游资源并设计路线

围绕研学旅游活动目标遴选研学旅行资源和路线，是策划研学旅游项目的第二个环节。研学旅游资源不完全等于旅游资源，研学旅游资源有益于用户的知识获取和文化提升。馆员可以通过多种渠道获取研学旅游资源。

（1）本馆资源和业界资源。公共图书馆开展研学旅游服务具有得天独厚的资源，有待馆员深入发掘。首先，可以从文献资源优势入手，对馆藏文献中的历史事件、历史遗迹、人物故事、神话传说、诗词歌赋等资料开展深入研究，结合图书馆所在地的历史文化、自然景观、风土人情，突出自身的地域性、独特性，对研学旅游项目进行丰富、塑造与完善，真正实现“让典籍里的文字活起来”。例如国家图书馆藏“四大镇馆之宝”、天津图书馆藏周叔弢捐赠的并且是国内仅有的《棠湖诗稿》刻本都是具有很高价值的研学旅游资源。除此之外，其他各图书馆在特色文献资源方面也各具优势。其次，公共图书馆的特色建筑、历史发展、创新项目等也是重要的研学旅游资源。例如天津滨海新区图书馆凭借科技和设计跻身网红行列，吸引大量网友前往“打卡”；浙江省云和县图书馆依托所在地的旅游资源，将图书馆区域延伸至景区内部，实施“景区+民宿”嵌入式发展；湖南省少儿图书馆在研学旅行中融入“亲子+手工”创意，丰富研学内容；重庆市渝中区图书馆“24小时城市书房”，在时间上给予读者便利性和灵活性；南京图书馆大力开展文创产品系列服务，集文创开发、销售、休闲体验为一体。

除本馆资源外，馆员还可以借助全国公共图书馆已有的合作体系，加强各馆研学旅游服务的整合创新，建立公共图书馆研学旅游服务资源库，分类分析、梳理可开发的文化资源，整体规划，协同组织，打造图书馆共同的研学旅游服务品牌。例如国家图书馆“阅读之旅”项目曾专门就茶文化、戏曲文化等研学旅游资源在业界开展调研，与地方公共图书馆联合策划跨省研学旅游项目。

（2）文旅融合资源。在文旅融合的背景下，“中国研学旅游目的地”“全国研学旅游示范基地”等被社会广泛认可的国内研学旅游的优选资源脱颖而出，对此馆员应做到心中有数。2016年初，国家旅游局授予北京市海淀区、浙江省绍兴市、安徽省黄山市、江西省井冈山市、山东省曲阜市、河南省安阳市、湖北省神农架林区、广西壮族自治区桂林市、四川省绵阳市、甘肃省敦煌市等10地“中国研学旅游目的地”称号，授予北京市卢沟桥中国人民抗日战争纪念馆、天津市滨海航母主题公园、河北省石家庄市西柏坡纪念馆、山西省太原市中国煤炭博物馆、内蒙古自治区赤峰市克什克腾世界地质公园、吉林省长春市长影旧址博物馆、上海市上海科技馆、江苏省侵华日军南京大屠杀遇难同胞纪念馆、浙江省绍兴市三味书屋—鲁迅故里、安徽省宣城市中国宣纸文化园、山东省曲阜市三孔景区、河南省安阳市红旗渠景区、湖北省宜昌市三峡工程旅游区、广西壮族自治区桂林市龙脊梯田景区、重庆市红岩景区、四川省成都市都江堰旅游景区、云南省中国科学院西双版纳热带植物园、陕西省陕西历史博物馆、甘肃省酒泉市中国酒泉卫星发射中心、宁夏回族自治区贺兰山市岩画遗址公园等20家单位“全国研学旅游示范基地”称号①。

在了解全国研学旅游资源的同时，馆员还应该重点了解所在省市的主要研学旅游资源。例如，北京的公共图书馆在开展研学旅游时，自然应把长城、故宫、颐和园、天坛、明清皇家陵寝、周口店北京猿人遗址、京杭大运河等世界文化遗产作为重点。同时，馆员还应具有一定的世界眼光，对世界主要国家的研学旅游资源有所了解，以便公共图书馆研学旅游走得更远、更深、更广。

在明确研学旅游的目标和资源的基础上，馆员便可以设计研学旅游路线。2016年，内地游学联盟大会发布了“十大精品游学路线”，即山东省的“儒学经典游学之旅”、北京市的“中国科教主题游活动”、陕西省的“观历史尝美食体味陕西文化之旅”、江苏省的“京杭大运河江南研学之旅”、福建省的“海丝文化游学之旅”、河南省的“探寻华夏起源之旅”、湖北省的“武汉宜昌文化与三峡水利建设之旅”、湖南省的“湖湘文化及世界遗产探索之旅”、广东省的“岭南文化之旅”、四川省的“世界自然遗产之旅”等。公共图书馆可以以此为参照，开发多样化的研学旅游路线，例如以本土人文为资源设计名人故居主题路线，以乡土乡情为资源设计自然生态主题线路，以红色文化为资源设计红色教育主题路线，以地方文化为资源设计非物质文化遗产主题路线等。国家图书馆“阅读之旅·北京中轴线”项目就是以正在申报世界文化遗产的北京中轴线为研学旅游资源，确定了永定门—天坛—正阳门—故宫—景山—钟鼓楼总共7.8公里的路线。

三、策划研学旅游项目的主题和内容

随着研学旅游目标、资源、路线的确定，研学旅游的主题也逐渐清晰。例如，浦东图书馆举办的研学旅游项目邀请小朋友在晚上到馆听故事、做传拓、搭帐篷并夜宿图书馆，活动内容与其主题“图书馆奇妙夜”非常契合。又如，中国图书馆学会阅读推广委员会面向全国开展研学旅游项目，以图书馆建筑风格、人文环境、阅读姿态和馆员服务为重点，因此将主题定为“阅天下·邂逅图书馆之美”活动。厦门市图书馆早在2010年就以研学旅游的形式举办“游走厦门”系列讲座，其中的经典活动之一是厦门市博物馆原馆长龚洁带领读者前往鼓浪屿赏

① 王洋.首批中国研学旅游目的地和全国研学旅游示范基地公布[N].中国旅游报，2016-01-25(002).

析老别墅建筑艺术，该活动主题为“游走鼓浪屿：感受老别墅的文化魅力”。

研学旅游是一项综合性学习实践活动，同样的研学旅游路线往往涉及多种学科知识，每个主题活动不能装入过多过杂的内容，而应当划定范围、有所侧重，做出适当的取舍和提炼，形成相对完整的内容体系。例如杭州市金都天长小学“走读西湖”研学旅游课程在实践中摸索出一套较为成熟的内容体系，循自然而教，依西湖四季变化，分学段、分时间对西湖风物进行欣赏、探究，激发学生的家国情怀，全面提高学生在艺术审美、科学探究、人文历史等方面的素养。该课程根据学生已有的生活经验，整合科学、人文、艺术三大领域的内容，为六个年级分别设计了美食、传说、诗画、物产、山水、花卉等六个模块的内容[①]。这六个模块的知识深度逐步加强，与不同年龄段学生的接受能力相适应。对一年级学生来说美食是最容易接受的内容，而六年级花卉模块的内容并非仅限于观察植物，“杨柳依依”“丹桂飘香”“踏雪寻梅”等内容，还具有文化意蕴。在“丹桂飘香”内容中，导师从艺术之桂、人文之桂、科学之桂、功用之桂四个角度为学生讲授；在“踏雪寻梅”内容中，导师引导学生发挥特长，以梅花为题材作诗、吟诵、演唱、绘画、摄影，以多种方式展示学生的才艺。

表4-1　杭州市金都天长小学“走读西湖”研学课程内容安排表[②]

西湖四季	一年级（美食）	二年级（传说）	三年级（诗画）	四年级（物产）	五年级（山水）	六年级（花卉）
春之声	龙井虾仁（杭帮菜博物馆）	虎跑梦泉（虎跑梦泉）	桃红柳绿（苏堤）	龙井问茶（茶叶博物馆）	宝石流霞（宝石山）	杨柳依依（柳浪闻莺）
夏之盛	吴山酥饼（吴山天风）	古井运木（南屏晚钟）	映日荷花（曲院风荷）	西湖莲藕（中山公园）	西湖的水（玉湖湾）	夏荷争艳（曲院风荷）
秋之实	桂花蜜糕（满陇桂雨）	明珠西湖（断桥残雪）	秋水伊人（虎跑梦泉）	杭州丝绸（丝绸博物馆）	西湖的桥（断桥）	丹桂飘香（满陇桂雨）
冬之韵	西湖醋鱼（花港观鱼）	三潭印月（三潭印月）	灵峰探梅（韩美林馆）	天堂绸伞（伞博物馆）	西湖的塔（雷峰塔）	踏雪寻梅（灵峰探梅）

① 傅颂九，袁慧娟．“走读西湖”研学课程的设计与实践[J]．中国教师，2017（9）：37-40.

② 本表格引自：傅颂九，袁慧娟．“走读西湖”研学课程的设计与实践[J]．中国教师，2017（9）：37-40.

四、实施研学旅游项目

作为综合性学习实践活动，研学旅游项目的关键在于实施，将目标、资源、路线、主题、名称、内容等方方面面的策划在实施中落实和实现。实施的过程主要有以下主要环节。

（1）帮助用户做好知识储备。研学旅游正式开始之前，首先要通过讲座、阅读、沙龙等活动就研学旅游主题和内容向用户做普及工作，使用户具备一定的知识储备，以便在研学旅游的过程中进一步深入学习、理解。国家图书馆“阅读之旅·北京中轴线”项目开始前，“国图讲坛”邀请知名地理历史专家朱祖希举办讲座“北京中轴线的形成及其历史文化渊源”，在普及相关知识的同时还招募了本次研学旅游的大部分参与者。在上海图书馆和上海市嘉定区图书馆联合举办的研学旅游项目“微阅读·行走——打开嘉定文化和园林的正确方式”开始之前，“嘉图讲座”也事先通过讲座为用户增加知识储备，邀请华东师范大学教授田兆元，从学术、人本和文化传承等多个方面介绍了嘉定园林的“意”和“境”。该研学旅游项目路线就是根据田兆元教授所讲述的内容而确定，将讲座转化为实地体验，帮助参与者感受江南之美，体会这种景物与文化之间相辅相成的乐趣。

公共图书馆还可以基于自身丰富的文献信息资源，为用户开列参考书目，提前加深他们对研学旅游内容的认识，倡行叶圣陶“万物皆书卷，天地阅览室”的理念，通过阅读与游览相结合的学习教育方式，引领读者从读懂文字到读懂世界，由此实现研学旅游的最高价值与最佳效果。

（2）由专家担任研学导师，确保研学旅游的核心品质。目前社会上许多研学旅游服务质量受到质疑的重要原因之一正是导师的水平良莠不齐，很多机构并不具备相应的专家资源，常常以导游替代导师。教育容不得半点含糊，导游和导师，一字之差，谬之千里。多年来，公共图书馆通过开展讲座、展览等阅读推广服务积累了大量专家资源，根据导师的专业特长和研学旅游的主题进行合理配置，可以为研学旅游提供智力保障。国家图书馆“阅读之旅·北京中轴线”项目的研学导师即为前期相关讲座的主讲人朱祖希先生。朱祖希不但对北京城的规划建设和历史文化渊源非常熟悉，著有《北京城》《营国匠意：古都北京的规划建设及其文化渊源》等著作，而且他本身也是一位阅读推广人，擅长与用户沟通交流，可以带动参与者成为知识的探索者和创造者。在该项目结束后朱祖希先生还多次受其他单位邀请担任研学旅游导师，用户包括机关领导干部、中小学生等不同群体。上海图书馆和上海市嘉定区图书馆联合举办的“微阅读·行走——打开嘉定文化和园林的正确方式”项目导师则由上海市嘉定区博物馆副研究馆员陶继明和嘉定秋霞圃园长王燕共同担任，两位专家带领参与者行走在江南园林之间，用脚步丈量嘉定的悠久文脉。

（3）严格监督承办旅行社的工作。在当前公共图书馆尚不具备旅游服务资质的情况下，图书馆只能通过与旅行社等机构合作的方式开展研学旅游服务。类似问题也存在于其他公益性文化机构的研学旅游服务之中，虽然与旅行社“强强联合”能带来很多好处，但在研学旅游市场上成规模、成体系的该类合作产品并不多。单从公益性文化机构一方来说，这样的合作不仅会增加服务成本，还使得自身对研学旅游服务的质量、效果及后续服务等环节难以把控。作为应对办法，公共图书馆应选择正规的、具有一定规模的旅行社开展合作，以协议的形式与旅行社明确双方责任分工，建立合作档案，详细记录策划组织细节、财务往来明细及用户反馈意见等信息，全面了解旅行社的组织能力和参与者的满意度，确保公共图书馆在研学旅游服务运营中的权益，在合作中探索制度化的管理模式和体系化的长效机制。

（4）知识巩固与效果评估。在研学旅游项目结束后，公共图书馆还可以选择适当时机以沙龙、研学旅游日记评比等方式进一步巩固用户在行程中的知识收获，加深用户与图书馆之间以及用户之间的交流，并对研学旅游项目的成果进行评估，做到善始善终。国家图书馆“阅读之旅·北京中轴线”项目行程结束后，用户、导师和馆员在行程终点的一家咖啡馆举办“文津读书沙龙”，交流一天的心得。朱祖希先生回答了大家的提问，并做总结发言，用户“高度肯定了书斋内的潜心阅读与实际考察研究相结合的读书方法”[①]。同时，馆员请用户填写了评估问卷，并通过用户发言和交流收集了反馈信息。

随着文旅融合趋势的加强，公共图书馆的读者构成也在发生着变化。以国家图书馆为例，2017年共接待到馆读者约583.9万人次，比2016年增加3.54%，其中讲座、展览、培训、参观、演出等各项社会教育服务共接待读者近174.5

① 朱祖希. 乐做国图“编外”员工[N]. 光明日报，2012-12-12（3）.

万人次，比2016年增加12.51%，占到馆读者总数的近30%。从中可见，2017年国家图书馆每10个到馆读者中就有大约3个是参加社会教育的，参加社会教育的读者增长率是到馆读者增长率的3.5倍之多①。而这些参加社会教育的“新用户”正是研学旅游服务的用户或潜在用户，他们的需求更多样，更愿意在体验与互动中学习。如何了解、适应、满足“新用户”的新需求，做好文旅融合发展背景下的用户服务，是时代赋予公共图书馆的挑战。

2018年国家图书馆在文旅融合日趋成熟的条件下连续启动“文旅·融合·创新——首届海淀区研学旅游季”“文旅·融合·创新——首届海淀区研学旅游论坛”，率先与各界人士就相关政策解读、研学旅游设计、师资培训等开展研究、交流与讨论，在业界起到了示范作用。同时越来越多的公共图书馆正在投入到文旅融合的潮流中来，共同开拓研学旅游服务的创新发展道路。

☞小贴士：

安全问题是图书馆开展研学旅游服务的主要顾虑之一，有时甚至决定着研学旅游的成败，因此图书馆需要采取一系列有效的安全措施。首先，图书馆需为研学旅游服务建立安全保障机制、明确安全保障责任、落实安全保障措施，对用户加强安全宣传、培养安全意识、提高自我保护能力，制定应急预案，采取应急措施，从主观和客观上减少安全事故的发生。其次，图书馆要进一步强化法律意识，在依法确保用户安全的同时维护自身权益，在开展研学旅游服务时必须为用户购买保险，与用户签署安全责任书，履行提醒、通知、协助、保护、救助等义务。

第四节 “讲座+书院”：公共图书馆推动书院复兴

现代图书馆与古代书院的关系问题曾在学界引起不少争论。通常认为，古代藏书楼是现代图书馆的前身，而古代书院则转化成为现代的学校，这样就形成了两条看似独立的发展线索。但一些专家对这一观点提出了质疑，桑榆在

① 汪东波.国家图书馆年鉴:2018[M].北京:国家图书馆出版社,2017:69,79.

1983年发表的《古代书院与现代图书馆》中提出："古代书院不仅是一种教育机构，而且还是一种特殊形式的图书馆，书院应该在图书馆事业史上占据一定的地位，它有很多东西，对建设现代化图书馆具有借鉴价值。"①作者认为现代图书馆与古代书院的共通之处在于：第一，现代图书馆与古代书院皆有藏书，皆重藏书，皆整理校勘、刊印藏书；第二，现代图书馆与古代书院皆面向读者开放，重视书籍的使用，提供阅读场所和咨询辅导；第三，现代发达国家力图将图书馆办成学术活动中心，古代书院教学相长，特别是讲会的影响力之大不亚于现在的学术讨论会。桑榆以精练的文字鲜明地指出现代图书馆与古代书院的紧密关系，并倡导图书馆应该开办专家讲学活动，以书籍展览、书目推荐辅助讲学，把馆员、专家和各种先进设备组合在一起与读者共同研究，这些超前的思想在今天仍然具有现实意义。

2015年，王文直接以"近代图书馆的先驱是古代书院而非藏书楼"为题发表文章，指出："多年来，史学界将古代书院归入'学校'范畴，称之为'私学'，并把它与'官学'一起当做近现代学校的先驱；图书馆学界则把古代藏书楼指认为近现代图书馆的先驱。对此，笔者未敢苟同，并认为：这是因书院'文化链断裂'而导致的图书馆（及学校）'谱系错位'。"②根据王文的分析，从教育资源的角度看，图书馆与书院共同的本质特征在于以丰富的、集成化的藏书作为教育资源的第一要素；从教育对象的角度看，宋代以后的书院具有突出的"大众化"特征，对生员身份没有限制，为宋代造就了"平民学者阶层"，而图书馆的社会教育、公共教育功能正是对书院大众化平民教育的继承；从教育目标的角度看，书院和图书馆致力于非功利的"为己之学"，这与古代官学和近现代学校功利主义的"仕进"教育目标不同；从教学方式的角度看，书院的"有组织指导的自学教育方式"仍存于今天图书馆的阅读辅导、读书交流、专家讲座等自学教育活动中；从教育效果的角度看，宋代书院大众化、自主化、人性化和"内求式"的教育实践促进了民众文化素质及主体意识的空前提高，从而推动了人才培养与智力资源开发，近现代发达国家覆盖城乡的图书馆

---

① 桑榆. 古代书院与现代图书馆[J]. 徐州师范学院学报，1983（1）：120.

② 王文. 近代图书馆的先驱是古代书院而非藏书楼[J]. 科技情报开发与经济，2015（7）：153-156.

大众化平民教育也促进了民众文化素质的提高，以及思想解放、意志自由、独立自主精神和自我责任意识的形成。由此，作者得出结论：书院是图书馆而非学校的同类和先驱，学校是官学而非书院的继承者，图书馆是书院唯一的“同类同宗”继承者①。

此外，王酉梅的文章《中国古代书院图书馆的特点及其优良传统》、罗春兰的文章《试论中国古代书院的图书馆要素》也都分析了古代书院所具备的图书馆要素。关于现代图书馆与古代书院的关系的争论实际上是是否承认图书馆具有教育职能的问题，而这些专家都在自己的论述中指出古代书院面向公众的讲学活动，与今天公共图书馆的讲座存在共通之处。“图书馆教育功能怀疑论”在相当长的时期内广泛存在，即便在今天仍存在“公共图书馆被排斥于教育系统之外，学校图书馆被排斥于教学活动之外”的现象。在此情况下，一些公共图书馆重张书院的旗帜，开展讲座、展览、公开课、诵读等形式多样的阅读推广项目，正是其社会教育职能的彰显。这些书院在发展过程中形成了一些有效模式，值得总结并为其他公共图书馆提供参考和借鉴。

一、制定书院学规

学规是我国古代书院的基本制度，通常阐明人才培养目标、教育方针和学生守则，对学生提出基本的学习准则以及修身、处事、待人、接物等方面的要求。今天的公共图书馆书院沿袭这一传统，结合新时代的教育现状制定自己的学规，作为学习者思想教育与学习实践的准绳。

大连图书馆白云书院的学规为：“延续国学薪火，弘扬传统文化；入院均须尊师，向学更要重道；学为己身立本，砥砺志气品节；研读圣贤经典，为学经世致用；举止整齐严肃，立身明礼敬人；读书务必四到，疑误即时明晰。”该学规首先明确了白云书院的教育目标，即研究发展国学、弘扬传统文化，关于学习者品德的要求是尊师重道、以学立本、砥砺道德，关于学习内容的要求是研读经典、学以致用，关于学习者行为的要求是举止得体、以礼敬人，关于学习方法的要求则是胡适主张的“眼到、口到、手到、心到”，遇到问题应请

① 王文．近代图书馆的先驱是古代书院而非藏书楼[J]．科技情报开发与经济，2015(7):153-156.

教老师、及时解决。可见，白云书院具备一整套体系化的、非常明确的学规。

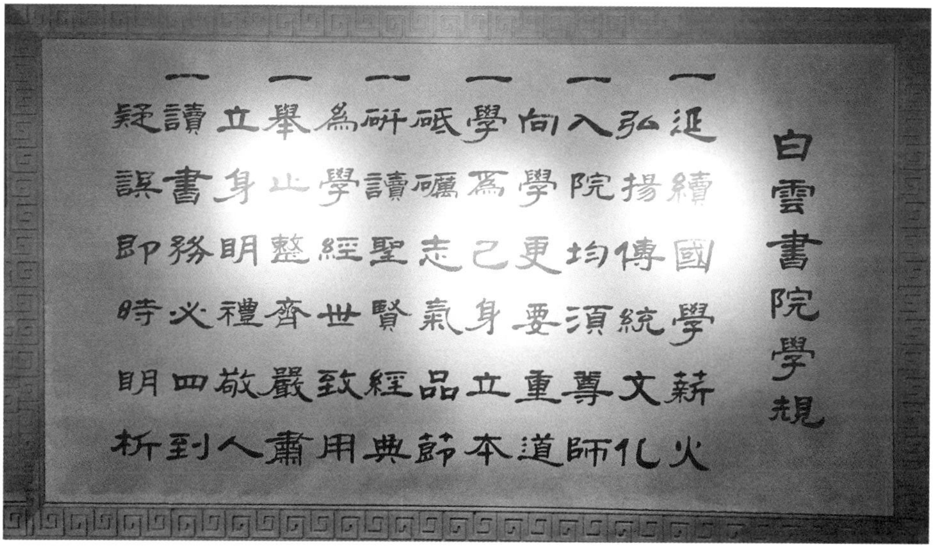

图4–5　大连图书馆白云书院学规

图4–6　大连图书馆白云书院的孔子像

福建省图书馆正谊书院继承“正谊明道”的文化精神，以全体市民特别是中小学生为目标用户，从细节入手制定了自己的学规：“一、上课不迟到，不早退。有事情请假，不得无故缺课。二、上课认真听讲并做笔记。三、每期末设计满勤奖、优秀书童奖，并颁发相关证书。每期考试通过者赠送省图书馆文创小奖品。四、课程全程摄像和同步录音，请保持课堂安静，手机调整静音状态。五、注意安全。不得在书院内打闹，家长有责任管理好自己的孩子。孩子有问题请求助书院老师，不要求助陌生人。离开书院后的安全问题家长自负。”该学规中既有对于课堂纪律、学习方法的要求，还有关于奖励机制、责任划分等具有现代教育理念的规范。

二、优化学习环境

古人对于读书学习非常重视，甚至有“万般皆下品，唯有读书高”之说。为了表达这种重视，古人不但在读书前焚香净手、端衣正帽，而且对于环境要求很高，因此岳麓书院、嵩阳书院、白鹿洞书院等著名书院皆依山而建，应天府书院等虽不在山中，但也有秀水相伴，总之都要开设在环境清幽安静之处。如今公共图书馆开办书院继承这一传统，也多注重环境的优化，为人们创造良好的学习氛围，同时提升学习的仪式感。

2000年8月，大连图书馆创办了白云书院，以弘扬中华优秀传统文化、丰富大众文化生活、提高城市文化品位为宗旨，以培养少年儿童国学基础为重点，力图建成国内振兴国学的重镇。2005年，白云书院按照明清书院风格改造装修700平方米院舍，家具采用明式书房家具样式，设立雪堂、博文堂、依仁堂、仰山堂、依礼斋，具备了更加优质的空间环境和教学设施。尼山书院原址坐落在孔子诞生地曲阜尼山之上，今天山东省图书馆的尼山书院位于济南大明湖畔、遐园之侧，景色秀美。福建省图书馆正谊书院所在地仍为左宗棠创立的正谊书局原址，是福建省省级文物保护单位，虽然现在这里处于繁华的闹市区，但走进书院就仿佛推开时空大门，院内环境清幽，建筑古色古香，博学堂牌匾高挂，传统文化氛围浓厚。

图4-7　大连图书馆白云书院的讲堂

图4-8　正谊书院旧照

图4–9　福建省图书馆正谊书院的讲堂

三、策划举办讲座、吟诵等传统文化项目

公共图书馆书院无一例外开展了大量阅读推广项目，通过讲座、公开课、展览、吟诵以及琴棋书画等国艺项目弘扬优秀传统文化，追求“志于道、据于德、依于仁、游于艺”的育人宗旨，将传统文化与现代文明有机结合，推动社会文化的健康发展。

大连图书馆白云书院自创办以来，开设国学义塾，举办“传统文化系列讲座”和各类展览，开展古诗词吟诵、“大连市书‘春’大赛”等活动，打造出“白云”系列文化品牌。其中，讲座是白云书院的重要工作项目，自2001年8月开始，先后推出“白云讲坛——传统文化系列讲座”“市民系列文化讲座”“大连历史文化系列讲座”等品牌，构成大连市重要的文化传播平台。“白云”系列文化活动对提高大连市民的文化素养和品位起到了很好的作用，得到社会各界的认可，成为“大连市最有影响十大活动之一”，2013年获得文化部“群星奖”。2014年，白云书院被国家古籍保护中心列入国家级首批“中华优秀传统文化实践基地”。

福建省图书馆为正谊书院确立了“文化·传统·经典·创新”的定位，以打造优秀国学教育品牌的实践活动为目标，以广大青少年及国学爱好者为服务对象，立足社会性、公益性，围绕传承和弘扬优秀传统文化这一主题，采用国学讲座、国学公开课、展览、传统文化活动等多样形式，推出中华国粹、中华礼仪、中华典籍、中华雅艺、传统节庆、书院展览等六大书院主题活动，赢得了热烈的社会反响。故此，正谊书院被福州市委宣传部、市文明办认定为福州阅读联盟成员，被国家古籍保护中心列入“中华优秀传统文化实践基地”。在2016年福建省“两会”上，有政协委员呼吁总结推广正谊书院经验，发挥书院作用。该提案被列入年度重点提案。

图4-10 福建省图书馆正谊书院举办“开笔礼”活动

2016年9月28日，黑龙江省图书馆龙江书院举办开院仪式。书院分为经典文献阅览、国学讲堂、禅茶香道、琴棋书画等四个功能空间，开设龙江文化、龙江技艺、国学吟诵、茶道、书法、古琴、棋艺等课程，并面向社会公众推荐适合家庭阅读的经典图书。龙江书院旨在提升民众的传统文化素养，传承龙江文明记忆，打造传统与地域文化教育品牌。

此外，一些基层公共图书馆书院也创立了自己的阅读推广品牌项目，例如浙江省台州市椒江区图书馆早在2008年7月就创办了枫山书院，打造出“人文大讲堂”“法治大讲堂”“健康大讲堂”“枫山故事会”等一系列文化品牌。

四、开拓联合发展道路

公共图书馆以开阔的视野、合作的理念开办书院，致力于书院之间的共建共享，以合力扩大书院的影响力，走共同发展的道路。

2014年5月12日，山东省文化厅出台《关于在全省创新推进“图书馆+书院”模式建设“尼山书院”的决定》。文件要求，在全省各级公共图书馆建设尼山书院，实施“图书馆+书院”服务模式，在提供传统服务的基础上强化以文化人的功能。文件指出，在设施布局方面，要设置一个统一标牌，一尊孔子像，一个国学讲堂，一个道德展室或展板，一个国学经典阅览室或阅览区，一个文化体验室或活动区；在活动内容方面，包括经典诵读、国学普及、礼乐教化、道德实践、情趣培养等五个板块；在推广宣传方面，要通过媒体、网站、微信等各种现代化通信手段加强宣传力度，扩大该服务模式的社会影响。尼山书院建设从山东省图书馆开始，逐渐推广至全省公共图书馆及企业图书馆、民办图书馆，形成覆盖全省、运转规范、服务有效的“尼山书院”服务网络体系。为此，山东省政府对尼山书院的建设提供了组织、经费、人才、机制、激励等各方面的保障。

福建省图书馆正谊书院除做好优秀传统文化传承与发展外，还在海峡两岸的文化交流中发挥着重要作用。2018年6月11日，第二届“海峡两岸书院交流与发展论坛”在福建省图书馆正谊书院开幕，来自海峡两岸的书院山长、专家学者近百人齐聚一堂，共同研讨朱子文化与两岸书院发展。同时，论坛现场举行了两岸书院“结对子”签约仪式，共有6对书院代表签约，两岸书院达成共识，将共同推广两岸民间文化交流与学术活动，共同探讨海峡两岸书院文化的合作模式及丰富内涵。正谊书院与台湾咸临书院在结成对子之际签订了《两岸书院合作意向书》，双方自此开始频繁交流与密切合作。10月25日，福建省文化和旅游厅副厅长林守钦、福建省图书馆馆长郑智明、闽台交流中心主任黄星等一行5人受邀拜访台湾咸临书院，与咸临书院山长刘君祖及书院师生一同座谈，深入探讨中华优秀传统文化传承与弘扬合作推进的具体事宜，就加强资源平台共享、社会教育方向及人才交流，特别是如何将中华优秀传统文化传承到青少年等方面交换了意见。12月5日下午，“朱子之路——闽台书院文化之旅”的50余名参访者来到福建省图书馆正谊书院进行文化交流，他们有来自台湾象山书院、兴贤书院、道东书院等书院的代表以及福建省各地书院代表，通过重走朱子之路，感受福建书院的文化底蕴，促进闽台两地朱子理学文化交流和福建书院文化推广。2019年6月23日，第三届“海峡两岸书院创新与融合论坛”举办，两岸书院山长、专家学者近百人与会，福建的十家书院和台湾的八家书院代表签署海峡两岸书院联盟协议。福建省图书馆馆长、正谊书院院长郑智明代表正谊书院签署协议。联盟成员将联手打造人才培养共享平台、书院师资共享平台、学术研究交流平台、文化传播推广平台、服务模式创新平台这五大平台，成员间将相互促进、密切合作、共同发展、共同提高，将两岸书院作为共同传承和弘扬中华优秀传统文化的窗口和基地。

五、公共图书馆书院的现代化发展

从这些公共图书馆书院的发展实践中可以发现一些共同特点。首先，与其他图书馆项目相比，公共图书馆书院更加重视讲座、诵读、课程等口头知识传播方式以及其他多种多样的学习教育方式，这也是对古代书院教育传统的继承与发展。其次，公共图书馆书院以开放的姿态面向公众，同时特别关注少年儿童群体，积极运用微博、微信等新媒体平台发布、宣传书院的文化活动，面向年轻人传播传统文化。再次，打造一系列当地文化品牌，营造良好的社会文化氛围，形成广泛的辐射力，走合作发展道路。

“图书馆+书院”模式在探索中取得了许多成功经验，同时，若要进一步实现良性、深入发展，还需要注重对一些问题的认知和解决。首先，图书馆书院继承、弘扬我国优秀传统文化责无旁贷，但今天的书院毕竟不是古代书院的翻版，必须注重对优秀传统文化的创新和发展。书院的讲座、展览、诵读、课程等各项教学活动的内容绝不可仅局限于我国古代经典，而应博采世界经典文化，更着力于经典作品与当代的融合、传统文化在当代的传承。其次，各地图书馆设立的书院应结合本地特色文化设置教学内容，避免同质化。在此方面，尼山书院突出孔孟文化，正谊书院力推朱子文化，均很好地发挥了地方文化积淀的优势，树立了图书馆书院文化定位的典范。例如，正谊书院先后组织“纪念朱熹诞辰885周年‘老少同书朱子格言’”“知人论世之‘朱子文化’百题——正谊书院元旦有奖竞答”“道在日用常行间——朱熹家训解读”讲座等活动。同时，在“图书馆+书院”的模式下，书院应依托图书馆地方文献资源，在开展教学活动的同时加强科研工作，使教学得到有力的支撑。再次，图书馆书院对工作人员的综合素质要求很高，既要懂教育、能策划、会管理，还要具备较广的知识面、一定的专业知识和较强的沟通能力、宣传能力。因此，需要引进人才、培养人才，以实现书院的长足发展。最后，学习教育应具有成熟的科学评价体系，当代书院同样需建立一套系统的评价机制，对管理能力、资源状况和服务水平进行事前研判、过程跟踪和成果检验，并在评价的过程中不断调整、修正，满足用户的文化需求、引导大众的文化取向。

“图书馆+书院”模式下的当代书院肩负着文化复兴、文化创新的历史责任，图书馆及其书院作为没有门槛的公共教育设施，理应为公众的素养提升和全面发展发挥重要作用。

☞ 小贴士：

书院具有环境优美、历史悠久、建筑特色鲜明、文化底蕴深厚、教育资源丰富等特点，是研学旅游的理想目的地。馆员可以从生态景观游、古建筑欣赏游、历史文化游、教育理论研讨游、古代礼仪体验游等层面开发书院的研学旅游价值。

附录　讲座策划方案、工作规范

附录1　讲座策划方案（示例）

示例1　“匠意营造：中国传统建筑”系列讲座策划方案①

一、讲座主题

匠意营造：中国传统建筑

二、讲座主旨

中国传统建筑历经数千年的传衍展拓，早已与山河大地融为一体。其擘画天地、与自然和谐对话的灵韵滥觞于皇古，其赫赫威仪、深深款曲则肇基于文明郁郁，中华古典智慧蕴乎其中。中国传统建筑及其文化作为世界文明中至今传承的完整建筑体系之一卓然屹立于东方，影响更波及全球。为了响应习近平总书记“让文物活起来”的指示，大力弘扬工匠精神，推动建筑遗产的保护与传承，本馆××部拟联合×××协会，在×××举办“匠意营造：中国传统建筑”系列讲座，邀请知名建筑学、文物学专家，面向公众讲授中国传统建筑之伟大成就与文化价值。

三、主办方

（略）

① 本方案由笔者于2017年3月起草。

四、讲座时间

2016年3月起，预计每月1期，共10期。

五、讲座地点

（略）

六、讲座计划（拟定）

场次	讲题	主讲人简介
1	建筑文化中的三角形	方拥，北京大学考古文博学院教授、博士生导师，全国重点文物保护工程古建筑方案审核专家。曾任华侨大学建筑系教授兼系主任，北京大学建筑学研究中心教授，曾负责制定泉州开元寺大殿、新加坡双林寺大殿等古建筑落架大修方案。著有《藏山蕴海：北大建筑与园林》《中国传统建筑十五讲》等。
2	中国传统木构建筑中的非物质文化遗产	马炳坚，高级工程师，注册建筑师。现为北京市古代建筑设计研究所所长，《古建园林技术》杂志主编。兼任中国文物学会古建园林专业委员会常务理事、中国建筑学会建筑史学分会学术委员、中国紫禁城学会理事等职。代表著作有《中国古建筑木作营造技术》《北京四合院建筑》等。
3	乡土文化与乡土建筑	李秋香，清华大学建筑学院高级工程师，1989年起从事乡土建筑研究。主要专著有《新叶村》《丁村乡土建筑》《十里铺》《流坑村》《郭峪村》《石桥村》《中国村居》《闽西客家古村落：培田》《川南古镇：尧坝场》《高椅村》等，编著《鲁班绳墨：中国乡土建筑测绘图集》八本一套，主编“乡土瑰宝”系列书籍《宗祠》《庙宇》《文教建筑》《住宅》（上、下）和《村落》等。
4	古建巡礼：走上丝绸之路	曹汛，北京建筑大学建筑系教授，1961年清华大学建筑系毕业，师从梁思成先生。曾任辽宁省文物考古研究所高级建筑师、台湾树德大学建筑系特聘教授、北京大学考古文博学院特聘教授。发表论文百余篇。

续表

场次	讲题	主讲人简介
5	营造传统的发掘、更新与传承	穆钧，先后获得西安建筑科技大学建筑学学士、硕士学位，香港中文大学哲学硕士、博士学位。现任北京建筑大学教授、博士生导师，兼任住建部现代生土建筑实验室主任、住建部传统民居保护专家委员会副主任委员、联合国教科文组织“生土建筑、文化与可持续发展教席”委员、中国建筑学会生土建筑分会常务理事兼副秘书长等职务。先后获得两次“联合国教科文组织2009年度遗产保护与传统创新奖”、英国皇家建筑师学会“国际建筑奖”、首届中国建筑传媒奖“最佳建筑奖”、亚洲最具影响力“最高荣誉设计大奖”、住建部田园建筑优秀案例一等奖、联合国教科文组织“国际优秀生土建筑大奖”等20余项国内外专业奖项。
6	辉煌的紫禁城	晋宏逵，毕业于北京大学历史系考古专业，先后任职于北京市文物局古代建筑研究所、国家文物局和故宫博物院，曾任故宫博物院副院长、中国文物保护基金会副理事长，从事中国古代建筑历史研究和文物建筑保护工作。现任故宫博物院研究馆员，中国紫禁城学会会长，故宫研究院古建筑研究所所长。主编《司马台长城》《清内府绘制乾隆京城全图》《故宫古建筑修缮工程实录：武英殿》《明代宫廷建筑大事史料长编卷》等。1997—2001年参加起草《中国文物古迹保护准则》。2002—2009年负责组织故宫整体维修工程的实施，其间作为故宫博物院方面的负责人与中国建筑设计研究院历史研究所合作编制了《故宫保护总体规划大纲》，并进行与故宫有关的古籍文献的整理和对中外文物保护理论的研究。
7	官式古建筑木作技艺介绍	李永革，“官式古建筑营造技艺”非物质文化遗产传承人，故宫博物院研究馆员、古建修缮中心原主任，国家文物局古建专家组成员。
8	东汉以前华夏聚落景观规制与秩序	王鲁民，同济大学建筑与城市规划学院建筑历史博士生导师。深圳大学建筑与城市规划学院教授，出版专著4部，发表论文60余篇，主持国家自然科学基金项目3项。著有《中国古典建筑文化探源》《中国古代建筑思想史纲》《建构丽江：秩序、形态、方法》等。
9	圣王与圣徒：乾隆时期的密教建筑营建	陈捷，中央美术学院人文学院文化遗产学系主任、副教授，同济大学建筑历史与理论专业博士。主要研究方向为佛教美术、建筑艺术与遗产保护。近期出版专著4部，发表学术论文30余篇。著有《中国佛寺造像技艺》《五台山汉藏佛寺彩画研究》等。

续表

场次	讲题	主讲人简介
10	半亩山池半壁天——北京半亩园传奇	贾珺，博士，现任清华大学建筑学院教授、博士生导师、国家一级注册建筑师、清华大学图书馆建筑分馆馆长、《建筑史》丛刊主编、中国建筑学会史学分会理事，长期从事中外建筑史的研究与教学工作，先后主持国家自然科学基金3项、北京市自然科学基金1项，出版学术专著7部，在核心期刊和国际会议上发表学术论文100余篇，主持和参与建筑、规划及文物建筑保护工程20余项，曾经获得教育自然科学二等奖、第五届中华优秀出版物图书奖、第三届中国建筑图书奖、北京市优秀规划设计奖等奖项。
11	藏区乡土建造的逻辑	范霄鹏，北京建筑大学城市规划学院教授、博士生导师，中国勘察设计协会传统建筑分会副会长，《古建园林技术》杂志副主编。
12	海上丝绸之路重镇——古城泉州	杨昌鸣，教授，国家一级注册建筑师，国家注册城市规划师，国家咨询工程师。曾任天津大学建筑系副主任，天津大学建筑设计研究院院长，天津大学建筑设计规划研究总院党总支书记、总建筑师，北京市高等院校特聘教授。
13	蔚县建筑遗产的思考：村堡、庙宇和民居	丁垚，天津大学建筑学院副教授，建筑历史与理论研究所副所长。

示例2 “世界遗产视野下的‘一带一路’”系列讲座策划方案①

一、讲座主题

世界遗产视野下的“一带一路”

二、讲座主旨

有着两千多年历史的古代丝绸之路，是中国与世界各国友好交往、和平共处的象征和典范。2013年，习近平总书记提出了共建“丝绸之路经济带”和

① 本方案由笔者于2015年2月起草。

“21世纪海上丝绸之路”——“一带一路”的重大倡议。“一带一路”成为衔接“中国梦”与“世界梦”的交汇桥梁和战略纽带。为了使我馆的学术讲座、专家的学术研究更好地服务于国家“一带一路”经济文化发展战略，推动中华文化遗产的保护与合理利用，××图书馆、中国××学会等单位拟联合举办“世界遗产视野下的‘一带一路’”系列讲座，邀请国内外知名专家从各个角度全面讲授相关知识。

三、主办方

（略）

四、讲座时间

2015年3月15日起，每月一期。

五、讲座地点

（略）

六、选题计划

（一）汉唐盛世与丝绸之路
（二）世界遗产和文化战略——关于世界遗产大会的观察与研究
（三）天山廊道的丝绸之路
（四）考古学视野下的海上丝绸之路
（五）清代的中西交通及其特点
（六）“一带一路”的时空解读
（七）齐家文化：“前丝绸之路”的重要奠基者
（八）“一带一路”的文物、经济发展与文化交流的情况
（九）外来文明的华化与华夏文明的东传
（十）夷俗并入：北朝隋唐来华粟特人的丧葬
其他选题根据专家的研究方向和研究进展确定。

七、拟邀请专家

刘庆柱，中国社会科学院学部委员、考古研究所研究员、博士生导师、学术委员会主任、原所长，中国圆明园学会会长。

吕舟，教授、博士生导师，清华大学建筑学院副院长，清华大学国家遗产中心主任，中国圆明园学会副会长，紫禁城学会副理事长，建筑学会建筑史学分会理事、学术委员，中国古迹遗址保护协会副主席，国际文化财产保护及修复研究中心理事，国家一级注册建筑师。

陈凌，博士，北京大学考古文博学院教授，中国圆明园学会学术委员。曾任美国康奈尔大学客座教授，中国社会科学院考古研究所博士后、副研究员。主要从事丝绸之路考古、欧亚草原考古、中国美术史、西北简纸文书等领域研究。主持乌兹别克斯坦明铁佩古城、新疆鄯善吐峪沟石窟寺等遗址发掘、新疆安西大都护府相关军政建置考古等项目。发表学术论文数十篇。

姜波，博士，国家文物局水下文化遗产保护中心研究员、考古所所长，中国圆明园学会学术委员。

王开玺，教授，博士生导师，北京师范大学历史学院中国近代史研究中心主任。1977年7月于北京师范大学历史系毕业，1989年7月于北京师范大学历史系获硕士学位。长期从事中国近代史的教学和研究，尤致力于晚清政治史的研究。出版有《隔膜、冲突与趋同——清代外交礼仪之争透析》等著作。

阙维民，北京大学城市与环境学院城市与区域规划系教授、博士生导师，北京大学世界遗产研究中心副主任。曾赴美国加州大学、英国剑桥大学任访问学者。主要研究领域：世界遗产、城市遗产、工业遗产、历史地理等。

李水城，博士，北京大学考古文博学院教授。曾赴美国宾夕法尼亚大学、哈佛大学及英国剑桥大学任访问学者。主要研究领域：新石器时代考古、中国西北史前至青铜时代考古、盐业考古、农业的起源、环境考古等。

齐东方，北京大学考古文博学院教授、博士生导师。主要从事汉唐时期的考古、历史、文物、美术的教学与研究。出版学术专著《唐代金银器研究》《丝绸之路：通向中亚的历史故道》《中国通史·隋唐史·隋唐考古》等，发表各种论著百余篇，主要包括吐谷浑余部历史的研究、三国至隋唐时期墓葬制度的研究、中国古代金银器研究、古代马具的研究、古代玻璃器研究、丝绸之路考古研究。

韦正，北京大学考古文博学院教授，研究方向为六朝考古，著有《六朝墓葬的考古学研究》等，主持中国哲学社会科学基金项目2项，与其他学者共同主持教育部人文社会科学研究基地重大项目1项。

沈睿文，历史学博士，北京大学考古文博学院教授，从事汉唐考古的教学与科研。著有《唐陵的布局：空间与秩序》《安禄山服散考》《中国古代物质文化史·隋唐五代》等。

八、首讲计划

（一）讲座时间：2015年3月15日14：00—16：00

（二）讲座地点：（略）

（三）讲座题目：汉唐盛世与丝绸之路

（四）主讲人：刘庆柱

（五）参加人：馆领导、合作单位领导、媒体、广大读者

附录2　常规讲座主持规范与示例

一、常规讲座主持规范①

（一）开场

1.欢迎语

2.介绍主办单位（有合作单位的活动应予以介绍）

3.介绍系列讲座或本场讲座的宗旨、价值及相关安排

4.介绍主讲人：姓名、工作单位、职称、职务、学历、主要科研成果

5.强调本场讲座题目

（二）结语

1.感谢主讲人

① 本规范由笔者于2007年11月起草。

2.讲座内容概括或总结

3.互动问答（在讲座前征求专家意见，决定是否安排互动问答）

4.再次感谢主讲人，并感谢提问和参与讲座的听众

5.讲座预告

6.道别语

二、示例

“世界遗产视野下的‘一带一路’”系列讲座 第一期主持词[①]

（2015年3月15日14时）

尊敬的刘庆柱先生、合作伙伴、媒体朋友们、读者朋友们：

大家好！

欢迎大家来到××图书馆××堂参加学术讲座活动，今天××图书馆将与中国××学会共同启动一个新的讲座系列——“世界遗产视野下的‘一带一路’”系列讲座。

有着两千多年历史的古代丝绸之路，是中国与世界各国友好交往、和平共处的象征和典范，搭建了东西方之间经济、科技、文化、教育交流的桥梁，展现了中华文化的魅力，也丰富了中华文化的内涵。为了使学术研究更好地服务于“一带一路”重大倡议，推动中华文化遗产的保护与合理利用，加强对中华优秀传统文化的挖掘和阐释并面向社会公众传播推广，××图书馆和中国××学会联合举办本系列讲座，将于每月推出一期活动，邀请知名专家就“一带一路”与世界遗产的关系多角度地讲授相关知识。在此要特别感谢刘庆柱先生对讲座的高度重视与大力支持，并拨冗担任首讲嘉宾；感谢我们的合作伙伴在讲座策划、组织、筹备过程中付出的努力。

刘庆柱先生是中国社会科学院学部委员，考古研究所研究员、博士生导师、学术委员会主任、原所长，中国圆明园学会会长。曾兼任北京大学考古文博学院学术委员会委员，中国人民大学国学院专家委员会委员，美国哈佛大

① 本主持词由笔者于2015年3月起草。

学、日本早稻田大学、日本国立京都大学博士生论文导师，中国古都学会顾问，中国考古学会秘书长，中国河洛文化研究会副会长，中国钱币学会常务理事，德国考古研究院通讯院士等职务。

今天刘庆柱先生带来的讲座题目是“汉唐盛世与丝绸之路”。下面就让我们以热烈的掌声有请刘先生做讲座。

（演讲之后）

感谢刘庆柱先生的精彩讲座。刘先生从丝绸之路的由来入手，详细为大家介绍了草原丝绸之路、沙漠丝绸之路、西南丝绸之路、海上丝绸之路的考古发现与研究，阐释了丝绸之路对于古代中国走向世界以及古代世界走向中国的重大意义。接下来是交流与互动时间。欢迎读者提问，可以举手示意。

（提问与互动之后）

感谢刘会长为我们做所的细致解答，同时感谢大家积极提问、参与讲座。今天的活动开启了整个系列讲座的序幕，第二期活动将于4月5日上午举办，由清华大学建筑学院副院长、国家遗产中心主任吕舟教授主讲“世界遗产和文化战略——关于世界遗产大会的观察与研究”，与大家分享丝绸之路申报世界遗产的相关情况。欢迎大家届时参加，再见！

附录3　讲座授权书（示例）[①]

为使讲座内容能够更广泛地服务于群众、服务于社会，丰富各地基层群众的文化生活、促进国民文化素质的整体提高，本人同意将______年____月____日在__________图书馆讲授的题为“____________________________”的讲座作品授予__________图书馆以下权利（每项条款前划“√”表示同意，划“×”表示不同意）：

① 本授权书（示例）由笔者于2020年6月起草。

（　　）摄制权，基于公益目的，将该讲座作品拍摄成视频节目的权利。

（　　）复制权，将讲座作品进行印刷、复印、录音、录像等方式将作品制作一份或者多份的权利。

（　　）保存权，将讲座作品作为__________图书馆的馆藏，采用适当的格式进行保存的权利。

（　　）修改权，使用该讲座作品时可以根据需要对讲座作品作必要的改动，但不得损害和影响讲座作品的完整性，不得歪曲和篡改该讲座作品的原意。

（　　）广播权，基于公益目的，对该讲座作品通过各类电台、电视台广播的权利。

（　　）信息网络传播权，基于公益目的，将该讲座作品以任何形式通过信息网络传播，使公众可以通过电脑、手机等终端设备使用作品的权利。

（　　）翻译权，将该讲座作品从中国汉语转换成其他语言文字（含中国地区少数民族语言文字）的权利。

（　　）发行权，将该讲座作品以各种出版形式（含图书、报刊、电子出版物等形式）出版并发行的权利。

（　　）转授权，可以将该讲座作品的上述全部或者部分权利授予其合作单位行使。

__________图书馆及其合作单位行使上述权利时应尊重作者的署名权，荣誉权。

授权期限：自签字之日起____年。

授权人承诺讲座内容不侵犯他人合法权利，并符合国家有关法律法规。

授权人（签章）：

身份证号码：

通信地址：

邮政编码：

电　　话：

年　　月　　日

附录4　图书馆讲座应急预案（示例）[①]

为切实做好图书馆讲座突发情况的应急处理工作，确保讲座平稳有序开展，预防事故发生，保障参与人员的生命财产安全，特制定本应急预案。

一、风险识别

（一）现场人员出现身体不适情况；
（二）设备出现故障；
（三）发生停电情况；
（四）发生现场人员语言或肢体冲突；
（五）发生人员拥挤踩踏事件；
（六）发生火灾；
（七）建筑或设施倒塌事件；
（八）发生暴恐类事件等；
（九）发生地震。

二、实施方案

（一）讲座前准备工作

1.按照图书馆规定履行讲座报批手续，完成讲座主题、时间、地点、规模等相关情况备案，制定科学合理、详尽、可操作的讲座流程和工作方案。

2.召开工作协调会，指定现场负责人，确定讲座现场工作人员名单及联系方式，明确分工和职责，并进行应急预案推演，做好相关记录并存档备查。

3.开展隐患排查。讲座开始前工作人员测试麦克风、电脑、投影仪、灯光等所有计划使用的设备，检查安全设备设施、消防设备设施和应急疏散设施。

① 本预案（示例）由笔者于2020年6月起草。

（二）讲座现场管理

1.所有工作人员确保通讯畅通，不得擅离职守或迟到早退，责任到人，各司其职。

2.工作人员严格按照现场座位数量控制现场人数，杜绝现场人员挤占安全通道、安全出口等违反安全规定现象。

3.所有设备由管理人员操作，使用设备要严格遵守操作规程。未经允许，任何人不得动用。禁止私拉电线、乱接插座、私自安装其他电器设备。

4.一旦发生事故，工作人员听从现场负责人指挥，根据现场情况，开展应急处理，将事故的危害降到最低程度。

（三）突发事件应急处理

1.现场人员出现身体不适情况

工作人员及时通知医务人员进行现场处置，如已配发急救箱，应正确使用其中的急救用品，情况严重时拨打急救电话120，同时维护现场秩序。

2.设备出现故障

当麦克风、电脑、投影仪等授课设备出现故障时，工作人员首先更换备用设备，无备用设备或更换后仍无法解决故障，工作人员及时与主讲人协商暂停讲座，通知技术人员维修。如有备用场地立即开放，确需转场时工作人员做好组织工作，维护秩序。

3.发生停电情况

工作人员打开手电筒等应急照明设备，并要求现场人员不要随意走动，以免造成场内秩序混乱。工作人员调查停电情况，如由场内设备故障引起断电，通知相关人员排除；如其他原因造成短时间不能恢复供电，应向现场人员通报情况并组织有序撤离。

4.发生现场人员语言或肢体冲突

工作人员及时通知安保人员到现场处置，需要时配合安保人员拨打辖区派出所电话或报警电话110报案，同时向主管领导报告。

5.发生人员拥挤踩踏事件

工作人员及时通知医务人员紧急救治，并通知安保人员控制现场，组织有序疏散，避免事件进一步恶化，同时向主管领导报告。

6.发生火灾

工作人员立即通知安保人员灭火，拨打火警电话119，有序疏散现场人员，同时向主管领导报告。

7.建筑或设施倒塌事件

工作人员尽快稳定现场人员情绪，防止出现全场骚乱，并立即组织有序撤离至安全区域，如有受伤人员应立即通知医务人员紧急救治，同时向主管领导报告。

8.发生暴恐类事件

工作人员立即通知安保人员控制现场，拨打报警电话110向公安机关报告，组织人员有序撤离至安全区域，配合公安机关案件调查，同时向主管领导报告。

9.发生地震

工作人员迅速指挥现场人员由最近的安全出口离场，有序撤离至室外空旷安全区域，避免拥挤造成踩踏。如发生撤离困难或有人员伤亡，拨打110、119、120等救援电话，并向主管领导报告。工作人员在确保自身安全的情况下尽力组织现场人员开展自救。

三、后续事故调查与处理

1.突发事件发生后，工作人员及时填写工作日志，如实记录突发事件的详细情况，并按照规范向上级有关部门报告。

2.配合上级部门开展事件调查，找出原因，查明责任，制定防范措施。

3.对于设备故障，应及时进行维修、更换、调试，确保后续讲座正常进行。

4.因忽视安全管理、违章指挥、违章作业、玩忽职守或由于渎职造成事件的直接责任人和相关人员，按相关规定进行处罚。

附录5 讲座服务专业评估表（示例）[1]

评估指标	指标权重[2]	子指标	评估项目
政策执行		公益性质	讲座服务是否坚持公益性？
		经费保障	讲座服务的经费来源有哪些？是否有专项经费支持？ 本年度投入经费多少？平均每场讲座经费多少？主讲人课酬标准多少？
业务管理		部门设置	是否设置专司讲座的部门？部门名称是什么？
		人员配置	讲座服务是否由专职人员负责？专职人员的人数、年龄、学历、职称等情况如何？人员分工和岗位设置情况如何？
		规范制定	是否制定讲座服务规范（包括讲座管理规范、策划规范、组织规范、主持规范、授权书、应急方案等各项规范）？
		规范执行	相关规范是否得到有效执行？规范执行是否纳入绩效考核？
硬件设施		场地保障	是否具备讲座场地？场地能容纳多少人？
		设备保障	是否配备计算机、投影仪、显示屏、网络直播设备等？
		无障碍设施	是否具备通往讲座场地的无障碍通道？是否设有老年人和残障人士专席？是否具备为聋哑人进行文字直播的设备？
服务水平		品牌建设	讲座是否建立了自己的品牌？是否具有品牌名称和品牌体系？下设哪些子品牌或讲座系列？
		选题策划	是否具备独立策划讲座的能力？本年度自主策划讲座多少场？合办讲座多少场？是否针对特定人群举办讲座？
		师资建设	讲座的师资主要来源于哪些渠道？是否建立了师资资源库？
		现场组织	每场讲座有几位工作人员参与？如何分工？是否有专人主持？是否面向用户开展问卷调查？是否统计用户人数？
		活动场次	本年度共举办讲座多少场？举办频率如何？

① 本示例由笔者于2020年5月起草。

② 权重的设置请参见本书第二章第十节。

续表

评估指标	指标权重	子指标	评估项目
服务水平		接待人数	本年度讲座共接待多少人？平均每场讲座接待多少人？用户的年龄、职业构成情况如何？
		宣传渠道	讲座宣传渠道有哪些？是否与媒体开展长期合作？
		网络应用	图书馆门户网站是否设有讲座专题页面？通过哪些网络渠道发布讲座预告？通过哪些网络渠道上传讲座视频？是否开展讲座在线直播？是否提供网上预约服务？
		产品开发	是否留存讲座音频、视频、文稿、课件等资料？是否获得主讲人授权？是否整理出版讲座文集及音视频产品？是否开发其他讲座产品？
社会效益		知名度	讲座品牌是否具有社会知名度？ 媒体报道情况如何？
		美誉度	讲座品牌是否具有社会美誉度？获得过哪些奖项与荣誉？

附录6　讲座服务问卷调查（示例）①

尊敬的讲座用户：您好！

为提升我馆讲座服务水平，烦请您参与问卷调查。感谢您的配合！

1. 您通过哪种渠道获知本次讲座预告？（　　）

A. 图书馆网站

B. 图书馆官方微博或微信公众号

C. 其他微博或微信公众号

D. 报纸、广播、电视

E. 馆区的公告栏或电子屏

F. 讲座现场发放的预告单

G. 所在单位或学校统一组织

① 本问卷调查（示例）由笔者于2011年2月起草，2021年5月修订。

H. 他人通知

2. 您的年龄是（　　）岁，所从事的职业是（　　）。

A. 大学生

B. 中小学生

C. 公务员及事业单位职员

D. 公司职员

E. 教师及科研工作者

F. 退休人员

G. 自由职业

H. 其他

3. 吸引您参加讲座的原因是（　　）。

A. 对讲座主题和内容感兴趣

B. 主讲人的知名度高

C. 讲座形式新颖

D. 工作或学习需要

E. 希望拓宽知识面

4. 您对哪些讲座选题感兴趣？（　　）

A. 文史哲

B. 艺术

C. 时政热点

D. 科普

E. 教育

F. 经济与金融

G. 图书推介

5. 您希望讲座采取哪些形式举办？（　　）

A. 课堂式（专家讲，用户听）

B.沙龙式（用户与专家一起谈话交流）

C.赏析式（专家讲授与表演、演示相结合）

D.游学式（专家讲授与参观、游览同时进行）

6. 您愿意在什么时间参加讲座？（　　）

A.周末

B.工作日

7. 请您对讲座主题做出评价。（　　）

A.好

B.一般

C.差

8. 请您对讲座形式做出评价。（　　）

A.好

B.一般

C.差

9. 请您对讲座组织和服务水平做出评价。（　　）

A.好

B.一般

C.差

10. 您是否从讲座中有所收获？（　　）

A.收获很大

B.收获不大

C.没有收获

11. 您对讲座是否满意？（　　）

A.满意

B.不满意

12. 您认为讲座存在哪些不足？（　　）

A.内容不佳

B.形式单一

C.服务不周

D.现场人数太多，一座难求

E.宣传力度不够

F.现场秩序不佳

G.设施设备欠缺

H.其他________________________

13. 您是否愿意再次参加讲座？（　　）

A.愿意

B.不愿意

14.您对讲座服务有哪些意见或建议？

15.如果您愿意成为讲座服务志愿者，请留下您的联系电话。(　　　　　)

××图书馆××部

调查时间：　　　　年　　月　　日

后　记

一本书的诞生并不容易，特别是这本小书经历了一个漫长的写作过程，但我非常愿意全心投入，把多年来的图书馆讲座工作经验和思考毫无保留地分享给大家。今天本书得以完成要感谢太多的人，正是这么多领导、前辈、同人、朋友的热情帮助使我心中充满暖暖的感动，请允许我表达谢意。

首先感谢我的历任领导在工作和研究上给予我鼓励和支持。感谢王志庚主任为本书写作提供了指导，曾多次审阅书稿和大纲、提出了许多具体的修改意见，付出了大量时间和精力。这些高屋建瓴的指导意见帮助我不断突破自己有限的认知和思考，并最终使这本书呈现出今天的面貌。感谢李晓明主任对我工作的认可与支持，并给予我发挥所长的平台。感谢陈慧娜副主任和郭传芹副主任对我的关心和帮助。

在从事讲座工作期间，我与业界同人交流频繁，亲身参与或参加过许多图书馆的讲座，较为全面地了解到全国图书馆讲座工作的实际情况，这些观感与体验是闭门研究所无法替代的，为此我要感谢业界同人对我工作给予的热情支持以及对本书写作给予的大力帮助。特别是福建省图书馆郑智明馆长和戴宿勇、杨瑞英、廖艳萍三位主任，安徽省图书馆林旭东馆长和朱海峰主任，广东省立中山图书馆王惠君馆长，山西省图书馆原书记石焕发女士和李红主任，首都图书馆陈坚副馆长和王海茹主任，辽宁省图书馆姚杰副馆长和孟志丹主任，桂林图书馆曹旻副馆长和王嘉曦主任，黑龙江省图书馆学会原秘书长、东北烈士纪念馆党委书记闻德锋先生，清华大学图书馆参考咨询部王媛副主任，武汉市图书馆李静霞馆长，苏州图书馆原副馆长、苏州戏曲博物馆馆长郭腊梅女士，苏州独墅湖图书馆李春梅馆长，佛山市图书馆原副馆长兰晓惠女士，河池市民族图书馆谭荣玲馆长，赤峰市图书馆刘淑华馆长，唐山市图书馆穆桂苹馆长，福州大学图书馆文化建设部吴佳丽主任和李云雀老师，等等。幸运的是，其中多位馆长、主任在百忙之中专门抽出时间接受我的访谈，并为本书提供了珍贵的照片资料，这使得本书的内容更加扎实，形式也更加丰富。

感谢国家图书馆研究馆员孙凤玲老师为本书写作提出十分有益的意见和建议，并且毫不厌烦地对我的各种琐碎问题进行答疑。感谢国家图书馆研究馆员朱青青老师不断鞭策我、指导我，使我不敢在写作过程中有丝毫懈怠。感谢国家图书馆副研究馆员、我的老搭档曹丽萍老师在工作上、研究上给予我全力支持与默契配合。感谢江少莉博士带我跳出固有的思路，以融合的视角看待图书馆阅读推广。感谢国家图书馆出版社图书馆学编辑室邓咏秋主任鼓励我将自己多年的工作实操经验写进本书，大大提高了本书的实用性，并以自己的开阔视野和创新思维对本书写作给予宝贵的专业指导。

这本书的出版要感谢的人太多，遗漏之处请多多包涵。虽然我尽全力写作本书，但文中一定尚有不足之处，期待朋友们不吝赐教，多做交流。我深深地感恩并为大家送上祝福！

金龙

2020年冬至